윤석열 정부 5년

오르는 아파트는 정해져 있다

윤석열 정부 5년
오르는
아파트는
정해져
있다

2022년 4월 13일 초판 1쇄 인쇄
2022년 4월 20일 초판 1쇄 발행

지은이 | 김인만
펴낸이 | 이종춘
펴낸곳 | (주)첨단

주소 | 서울시 마포구 양화로 127 (서교동) 첨단빌딩 3층
전화 | 02-338-9151
팩스 | 02-338-9155
인터넷 홈페이지 | www.goldenowl.co.kr
출판등록 | 2000년 2월 15일 제2000-00003호

본부장 | 홍종훈
편집 | 문다해
전략마케팅 | 구본철, 차정욱, 나진호, 이동후, 강호묵
제작 | 김유석
경영지원 | 윤정희, 이금선, 최미숙

ISBN 978-89-6030-597-7 13320

BM 황금부엉이는 (주)첨단의 단행본 출판 브랜드입니다.

황금부엉이에서 출간하고 싶은 원고가 있으신가요? 생각해보신 책의 제목(가제), 내용
에 대한 소개, 간단한 자기소개, 연락처를 book@goldenowl.co.kr 메일로 보내주세요. 집
필하신 원고가 있다면 원고의 일부 또는 전체를 함께 보내주시면 더욱 좋습니다. 책의
집필이 아닌 기획안을 제안해주셔도 좋습니다. 보내주신 분이 저 자신이라는 마음으로
정성을 다해 검토하겠습니다.

윤석열 정부 5년

오르는 아파트는 정해져 있다

수요와 공급은
'정책'이 결정한다!

김인만 지음

BM 황금부엉이

추천사

이론과 실무를 겸비한 부동산 전문가인 저자는 윤석열 정부 5년간 펼쳐질 부동산 정책과 시장의 변화를 논리적이고 체계적으로 분석했다. 어렵고 복잡한 부동산을 담백하고 간결하며 이해하기 쉽게 풀어내는 저자의 탁월한 능력이 이번 책에서도 고스란히 발휘됐다. 부동산 대변혁이 예고된 현 상황에서 길을 잃고 불안하다면 이 책이 든든한 동반자가 될 것이다.

홍국기 | 연합뉴스 기자

_____

그동안 갈팡질팡했던 부동산 바다에서 5년간 길잡이가 되어줄 등대 같은 책이다. 이런 냉철한 분석이라면 윤석열 당선인도 읽고 길잡이로 삼을 것 같다.

박용 | 딜라이브 기자

_____

급변하는 주거 트렌드만으로 부동산 시장을 완벽하게 예측하기란 불가능하다. 하지만 이 책을 통해 새로운 정부의 부동산 정책과 시장의 변화에 대응할 수 있다고 본다. 수년간 부동산 시장을 진단해온 전문가의 시각을 바탕으로 부동산 투자의 기회를 제시해줄 좋은 책이다.

송승현 | 도시와경제 대표

_____

국민은 무너진 내 집 마련의 꿈을 다시 꾸기 위해 새 대통령을 뽑았다. 윤석열 정부와 문재인 정부의 부동산 정책에 대한 실증적 비교와 공급 정책, 세제, 대출 규제, 금리 정책 등 부동산 시장에 영향을 미칠 수 있는 요소들에 대한 저자의 종합적 분석이 담겨 있는 이 책은 어려운 부동산 시장에 대한 이해도를 높여줄 것이다.

정동근 | 변호사

___

이 책을 펼쳐보면 문재인 정부의 부동산 정책에서 드러난 문제점들을 콕 집어 이야기하면서도 다가올 윤석열 정부의 부동산 정책 해법을 꼼꼼하게 제시하는 알찬 내용으로 구성되어 있음을 알게 된다. 사이다 같은 시원함을 느낄 것이다.

두성규 | 전 한국건설산업연구원 선임연구위원

___

머리말

　시간 참 빠르다. 2017년에 《문재인 시대 부동산 가치투자》를 집필했는데 벌써 5년이라는 시간이 흘러 또 다른 대통령 시대의 부동산 투자서를 집필했으니 말이다.

　튀어 오르는 집값을 잡기 위해 문재인 정부 5년간 26번이 넘는 부동산 대책을 쏟아부었는데도 집값을 잡지 못했고 과도한 규제 누적으로 인해 부동산 시장은 왜곡됐다. 종합부동산세가 강화되자 다주택자들은 주택을 팔려고 했지만 양도세 중과로 여의치 않게 됐다. 그 결과, 아예 버티거나 증여를 선택하면서 시장에 매물이 더 줄었고 매물 동결 현상은 더욱 심해졌다.

　집값 잡겠다는 정부 말을 믿고 '이 정도면 멈추겠지' 기다리던 실수요자들은 벼락 거지가 될 것 같은 두려움에 더 이상 기다리지 못하고 주택 매수에 뛰어들었다. 특히 주택 구매 연령이 아닌 2030세대까지 무리한 대출을 받아가면서 이른바 영끌(영혼까지 끌어모으다) 매수에 동참했다. 뒤늦게 발표한 3기 신도시 등 대규모 공급계획은 입주까지 아직도 5년 정도 기다려야 한다. 거래량은 줄어들었는데도 (줄어든) 공급보다 (늘어난) 수요가 더 많아지면서 집값은 사상 최장 및 최고 상승을 기록했다.

2021년 추석을 지나면서 과도한 상승에 대한 피로감, 기준금리 인상에 대한 부담감, DSR 등 대출 총량 규제로 인한 구매 능력 약화, 그리고 20대 대통령을 뽑는 대선의 불확실성이 더해져 주택 시장의 거래량이 급감한 상황에서 윤석열 정부가 바통을 이어받았다. 새 정부가 들어섰으니 어떤 부동산 정책이 펼쳐질지, 그 정책이 부동산 시장에 미치는 영향은 어떨지, 앞으로 부동산 투자는 어디에 해야 하는지 등에 대한 궁금증이 엄청날 것이다. 그 궁금증에 대한 답을 알려주고자 이 책을 집필했다.

실수요자를 위한 세제 개편, 250만 호 대규모 주택 공급, 1기 신도시 등의 재건축 규제 완화, 철도 및 도로 지하화 등 굵직한 부동산 공약을 발표한 윤석열 정부 5년 동안 과연 어떤 부동산 정책이 시행되고, 주택 공급 숙제는 어떻게 풀어갈지 1장에서 상세히 알아보도록 한다. 2장에서는 문재인 정부 5년 동안 어떤 부동산 대책이 발표됐고 왜 집값은 오를 수밖에 없었는지 등을 살펴보면서 기존의 부동산 정책으로 무엇이 있었는지 되돌아보려고 한다.

3장에서는 윤석열 정부 5년 동안 집값이 오를지, 내릴지 등과 관련한 상승 요인, 하락 요인, 보합 요인에 대해 설명했다. 마지막 4장은 윤석열 정부 5년 동안 부동산 투자를 위한 지침서라고 생각하면 된다. 어느 지역, 어떤 아파트에 관심을 가져야 할지, 예상되는 부동산 정책에 맞춰서 수혜 지역과 아파트에 대해 알아보는 시간을 가져보도록 하겠다. 최대한 윤석열 정부의 부동산 정책에 부합하는 다양한 지역의 많은 아파트를 소개하려고 노력했지만 지면의 특성상 소개하지 못한 지역과 아파트가 더 많아서 아쉬움이 남는다. 소개한 지역의 아파트는 무조건 좋고, 언급하지 않은 지역의 아파트는 투자 가치가 없다는 이분법적 판단을 할 필요는 없다. 이 책에 나오는 주요 내용은 대선 당시 공약집의 내용을 참고했고 법 관련 내용은 2022년 3월 17일 기준임을 밝혀둔다.

항상 기도해주는 사랑하는 부인과 두 딸 민지, 현지, 그리고 부모님과 장모님께 감사드린다. 진실된 믿음 생활을 인도해주는 박명진 원장님께 감사드리며 하나님께 이 영광을 돌린다.

차례

윤석열 정부의 부동산 정책 완전정복

1장

문재인 정부 5년의
부동산 시장

2장

새 정부의 부동산 시장을
전망한다

3장

5년 동안 주목해야 할
부동산 키워드

4장

윤석열 정부의 부동산 정책 완전정복

문재인 정부의 뒤를 이어 20대 대통령으로 당선된 윤석열 대통령이 이끌어갈 2022년부터 2027년까지 부동산 시장에 적용될 정책에 대해 알아보자.

부동산 정책의 최우선과제는 국민의 주거안정이지만 정책의 부작용으로 집값이 폭등하기도 하고, 떨어지기도 한다. 특히 집값에 밀접한 영향을 주는 세금과 대출, 주택 공급과 교통 개발 호재 등에 국민의 눈과 귀가 쏠려 있다. 새 대통령의 공약으로 보는 향후 5년간 부동산 정책 대분석 스타트!

1

01

주택 공시 가격 조정과
보유세 통합

#주택 공시 가격 조정
#종합부동산세와 재산세 통합

　　문재인 정부 5년 동안 규제를 쏟아부은 결과, 매물 동결 현상은 심화되고 보유세 부담은 높아졌다. 우리나라 부동산이나 유가증권 같은 자산에 부과하는 세금이 OECD(경제협력개발기구) 국가 중 캐나다 뒤를 이어 2위를 차지했다. 2016년 11위에서 5년 만에 2위로 껑충 뛰어올라 미국, 영국, 일본 등 주요 선진국을 모두 제쳤다.

　　보유세만 보더라도 2016년 22위에서 5년 만에 11위로 껑충 뛰어올랐다. 우리나라는 원래 양도세 등 거래세 부담은 높은 반면, 재산세 등 보유세 부담은 낮았다.

　　나라마다 경제 상황과 문화가 달라 천편일률적으로 세제 정책을 시행할 수는 없다. 해외 선진국의 경우 경제가 안정기로 접어들고 소득 수준이 일정 수준 이상이 되면서 거래세보다는 보유세 비중이 높아졌다. 반면 우리나라는 1970~1980년대 급격한 경제 성장기를 거치면서 부동산 거래가 폭발적으로 늘어났기 때문에 보유세보다 거래세 비중이 높다.

문재인 정부는 출범한 2017년부터 집값도 잡고 세제 선진화를 한다는 명분으로 종합부동산세를 올리기 시작했다. 부동산을 보유한 모든 사람이 대상이 되는 재산세와 달리 고가 토지나 주택에 부과하는 종합부동산세는 집값 잡기와 세제 선진화라는 명분으로 세수 증가를 하기 좋은 세금 종목이다. 참고로, 종합부동산세 계산은 다음과 같다. 공시 가격에서 공제금액을 뺀 금액에 공정시장가액비율을 곱해 나온 과세표준에 종합부동산세율을 곱해서 종합부동산세를 산출한다.

━━━━━━━━━━━━━━━ ● 종합부동산세(주택) 계산 ● ━━━━━━━━━━━━━━━

구분	계산
종합부동산세	과세표준×종합부동산세율 - 누진공제
과세표준	(공시 가격 - 공제금액)×공정시장가액비율
공제금액	6억 원(1세대 1주택 11억 원)
공정시장가액비율	2022년 100%
세 부담 상한	전년 재산세 _ 종합부동산세 세액 150%(중과 300%)

종합부동산세는 과세표준이 되는 공시 가격, 종합부동산세율, 공정시장가액비율, 세 부담 상한 기준 중 어느 하나를 올려도 세액이 올라간다. 그런데 문재인 정부는 하나가 아니라 4가지 요인 모두를 올려버렸다. 공시 가격은 현실화라는 명분으로, 세율과 공정시장가액비율, 세 부담 상한은 고가주택과 다주택 보유자가 집값 상승의 주범이라며 마구잡이로 올렸다. 그 결과, 2020년에 250만 원을 냈던 1주택자의 경우 2021년에 390만 원으로 늘어났고 시가 30억 원짜리 주택 2채를 갖고 있다면 2020년 2,700만 원에서 7,300만 원으로 세 부담이 늘어났다.

정부는 전 국민의 2%만 종합부동산세 대상이어서 큰 문제가 없다고 했지만 결과적으로 지나치게 오른 보유세에 대한 조세저항이 커지면서 민심이반이 수반됐다. 그래서 윤석열 정부는 과도한 보유세 부담을 줄이겠다는 공약을 내걸었다. 우선 과세표준의 기준이 되는 공시 가격 현실화를 멈추고 2022년 주택 공시 가격을 2020년 수준으로 환원시킨다. 2021년 12월 토지와 단독주택 개별 공시 가격을 결정하는 표준 공시 가격 열람에 따르면, 2022년 토지는 10% 이상, 단독주택은 전국 7.36%, 서울 10.56% 정도 인상될 예정이며 아파트 공시 가격인 공동주택 공시 가격은 서울의 경우 20% 정도 인상이 예상된다.

공시 가격을 2020년 수준으로 되돌리겠다고 했지만 실현 가능성은 낮아 보인다. 세법 개정이 필요한데 국회 처리가 필요한 세법 개정이라서 야당의 협조를 받기 쉽지 않을 것이다.

2022년 공시 가격을 2020년 수준으로 환원이 현실적으로 어렵다면 2023년 공시 가격의 속도를 조절하고 법 개정이 아닌 시행령 개정으로 가능한 공정시장가액비율을 인하할 가능성이 높다. 시행령 개정은 국회를 통하지 않아도 가능하기 때문이다. 2022년 100%로 인상된 공정시장가액비율을 2021년 수준인 95%로 하면 보유세 부담을 소폭 줄여줄 수 있다. 내친김에 공정시장가액비율을 원래 수준인 80%까지 환원하는 방법도 고려할 필요가 있다.

윤석열 정부는 종합부동산세와 재산세를 통합하겠다는 내용을 공약에 포함시켰다. 국세인 종합부동산세를 폐지해 지방세인 재산세와 통합하겠다는 것인데 이 역시 실현 가능성은 낮다. 지방자치단체의 세원인 재산세는 민감한 문제이고 거대 야당인 민주당에서 노무현 정부 때 만든 뿌리와 같은 종합부동산세를 재산세에 통합하는 안에 대해 순순히 협력해줄 리 만무하다.

재산세와 종합부동산세 통합은 매우 어려운 일인 것만은 분명하다. 실현 가능성이 낮음을 알고 있어서인지 통합 이전이라도 세 부담 완화 조치는 실시하겠다고 한다.

50%에서 200%에 이르는 세 부담 증가율 상한을 인하해 1주택자에 대한 세율은 문재인 정부 이전 수준으로 인하하고, 일정 소득 이하 1주택 장기 보유자에 대해서는 나이와 상관없이 종합부동산세를 매각이나 상속 시점 때까지 납부 기간을 연장해주는 이

연(移延) 납부를 허용하며, 중과가 적용되는 차등과세 기준을 보유 주택 수에서 가액으로 전환하는 것이다.

부동산 세제 정상화를 위해 정부 출범 즉시 TF를 가동해 충분한 연구와 공론화를 거쳐 종합적인 개편 방안 마련을 하겠다고 하니 여러 난관이 예상되지만 그래도 과도한 세 부담 완화는 필요한 정책인 만큼 기대는 해보자.

02

양도소득세와 취득세 개편

#양도소득세 중과 1년 한시적 배제
#취득세 부담 완화

우리나라가 선진화되고 주택 보급률이 100%가 넘으면서 자가 보유율이 60% 이상이 되면 보유세 비중을 높여도 된다. 문재인 정부에서 부유세 개념인 종합부동산세 강화를 통해 보유세만 높였다면 충분히 이해할 수 있다. 문제는 거래세인 취득세와 양도세도 같이 강화했다는 것이다.

보유세를 높이면 거래세를 낮춰서 조세 균형을 맞추는 게 정상이고 집값 과열 때문에 거래세를 내리기 어렵다면 적어도 동결이라도 해야 하는데 보유세도 올리고 거래세도 올렸다. 가장 중요한 조세 균형을 무시한 결과, 양도세 중과에 막혀 발생한 매물 동결 현상으로 인해 집값은 급등했고 종합부동산세 부담을 세입자한테 전가하면서 전세와 월세 가격은 상승했다.

문재인 정부에서는 2017년 8·2 대책과 2020년 7·10 대책을 통해 단기 보유 및 다주택자에 대한 양도세율을 중과했다. 1년 미만 보유자에게는 70%, 2년 미만 보유자에게는 60%의 높은 세율이 적용되며 조정대상지역 2주택자에게는 기본세율에 20%p가 추가되어 최고 65%, 3주택 이상 보유자에게는 30%p가 중과되어 최고 75%의 높은 중과세율이 적용되고 있다. 지방세까지 포함하면 최고 82.5%의 양도세를 내야 한다. 과연 집을 팔려는 다주택자가 얼마나 될까?

동업을 해도 5대 5인데 다주택자라는 이유만으로 양도차익의 70~80%를 세금으로 내라고 하니 매물을 내놓지 않고 차라리 증여나 보유로 돌아서게 만들었다.

주택 양도세율 기준표

구분		양도세율	비고
주택 수	1주택	기본세율	·
	2주택	+20%p	조정대상지역
	3주택	+30%p	조정대상지역

• 주: 2022년 2월 28일 기준

이런 왜곡된 세제 규제의 문제점을 개선하고자 윤석열 정부는 양도세와 취득세를 개편하려고 한다. 양도세를 개편한다고 해서 양도세 비과세 2년 거주 요건이 폐지되거나 양도세 비과세 특례 등 큰 폭의 규제 완화 대책이 당장 나오기는 힘들다. 혹시라도 파격적인 규제 완화를 기대했다면 실망할 수도 있겠다.

윤석열 정부에서 개편하려는 양도세는 다주택자에 대한 한시적 중과 배제다. 다주택자에게 적용되는 중과세율을 한시적으로 최대 2년간(대통령직인수위에서는 1년으로 추진) 배제해 다주택자의 주택 매각을 촉진시켜 주택 시장에 매물을 늘리는 동시에 집값도 안정시키겠다는 의도다. 수요와 공급의 밸런스에서 절대 공급인 입주 물량은 어차피 2025년 이후에나 가능한 일이기에 상대 공급인 매물이라도 늘려 부족한 공급의 밸런스를 맞추겠다는 것이다.

한시적인 다주택 양도세 중과 배제는 규제 완화의 의미보다는 다주택자에 대한 규제의 출구를 잠깐 열어 매물을 나오게 하는 공급 확대의 의미가 더 크다. 집을 사자는 수요가 갑자기 더 늘어나지 않는 한 매물이 증가하면 자연스럽게 주택 시장은 하향 안정으로 갈 가능성이 높다. 다만 법 개정이 필요한 부분인 만큼 거대 야당의 협조가 필요하고, 이미 증여를 했거나 판 다주택자들이 있어서 효과가 크지 않을 것이라는 반론의 목소리도 있다.

양도세와 더불어 취득세 중과도 거래를 꽁꽁 얼어붙게 하는 원인이 됐다. 2020년 7·10 대책을 통해 다주택자에 대한 취득세 중과가 시행됐는데 엄청나다. 기존에는 구간에 따라 6억 원 이하는 1%, 6~9억 원 2%, 9억 원 초과 3%였던 취득세율이 보유 주택 수

주택 취득세율 기준표

구분	조정대상지역	비조정대상지역	비고
1주택	1~3%	1~3%	6억 원 이하 1%
2주택	8%	1~3%	9억 원 초과 3%
3주택	12%	8%	일시적 2주택자 1~3%
4주택	12%	12%	.
법인	12%	12%	.

• 주: 2022년 2월 28일 기준

에 따라 규제지역 2주택자는 8%, 3주택 이상이나 법인은 12%의 징벌적 중과세율로 올라가 버렸다.

2주택자가 20억 원짜리 아파트를 1채 더 구입하면 취득세가 무려 2억 4,000만 원이다. 막연하게 12%라고 생각하다가 막상 2억 4,000만 원이라고 하면 다들 고개를 절레절레 흔든다. 거래량 급감의 원인 중 하나라 할 수 있다.

윤석열 정부는 1~3%가 적용되는 1주택자에 대한 취득세율을 단일화하거나 세율 적용 구간을 단순화하고, 단순 누진세율을 초과 누진세율로 변경하겠다고 한다. 6~9억 원 구간의 경우 중간이 2%이고 6억 원으로 내려갈수록 1%에 가깝고 9억 원에 가까이 올라갈수록 3%에 가까워지는 어려운 구조여서 이해가 안 된다는 비판이 많았다. 그래서 실수요자의 내 집 마련의 기회를 확대하기 위해 생애 최초 구입자에 대해서는 취득세를 면제하거나 1% 단일 세율을 적용한다. 또, 거래량을 늘리기 위해 다주택자에 대한 과도한 누진세율도 손을 볼 예정이다.

물론 세법 개정이 필요한 만큼 실제 국회에서 처리가 원만하게 진행될지는 지켜볼 문제지만 높은 보유세를 유지하는 방향으로 간다면 거래세인 취득세, 특히 생애 최초 구입자에 대한 세율 조정을 반대할 명분은 없다.

대출 규제 완화

#DTI
#DSR
#신혼부부·청년 LTV 80%
#예금과 대출금리 격차 해소

노무현 정부 때 영원히 오를 것 같았던 버블 세븐지역의 집 값이 2007년에 DTI(총부채상환비율) 규제가 강화되면서 꺾였다. DTI 규제가 집값 잡는 곳감이 된 순간이었다. 그 후 이명박 정부 때에는 규제를 완급 조절하다가 2011년에 한시적 완화를 종료했는데 결과적으로 단기 폭락의 원인을 제공한 꼴이 됐다. 이렇듯 주택 구매 능력에 큰 영향을 주는 대출 규제는 집값에도 큰 영향을 준다.

문재인 정부는 2017년 8·2 대책을 통해 집값 잡는 곳감인 DTI를 40%로 강화했지만 집값은 이를 비웃기라도 하듯 계속 올랐다. 2022년 1월 기준으로 2주택자에게는 주택 담보 대출 금지,

1주택자에게는 6개월 내 처분 및 전입 조건으로 가능, 투기과열지구 LTV 9억 원 이하 40%, 9억 원 초과 20%, 15억 원 초과 0%, DTI 40%가 적용되고 있다. 내 집 마련을 위해 집을 사야 하는 서민, 실수요자는 20%p로 우대하지만 여전히 대출 문턱이 높다는 비판의 목소리가 높다. 특히 급증하는 가계 부채를 억제하기 위해 신용 대출 등 기타 대출의 원리금 상환까지 포함하는 DSR(총부채원리금상환비율)이 시행되면서 가계 대출의 문턱은 더욱 높아졌고 2022년 7월에 3단계가 시행되면 대출받기는 더욱 힘들 것이다.

차주 단위 DSR 규제 강화

구분	2021년 7월 전	1단계 (2021년 7월)	2단계 (2022년 1월)	3단계 (2022년 7월)
주택 담보 대출	규제지역 9억 원 초과 주택	① 규제지역 6억 원 초과 주택	총대출액 2억 원 초과 ①+② 유지	총대출액 1억 원 초과 ①+② 유지
신용 대출	연소득 8천만 원 +1억 원 초과	② 1억 원 초과		

높아진 대출 문턱으로 힘들어하는 실수요자들의 내 집 마련 기회를 넓히고자 윤석열 정부는 실수요자 담보 대출 규제를 완화한다. 우선 LTV(담보대출인정비율)를 실수요자를 위해 완화할 계획이다. 신혼부부, 청년층의 LTV를 80%로 높여 주거 사다리를 만들어주겠다는 것이다.

뉴스 헤드라인만 보고 꽉 막힌 대출이 다 풀릴 것으로 오해

하면 안 된다. 주택 구입이 필요한 무주택 실수요자에게 대출 기회를 더 주겠다는 것이지 집 있는 유주택자한테 대출 문이 열리는 것은 아니다. 유주택자에게도 대출 문이 활짝 열리려면 주택 시장 침체가 깊어져서 거래 활성화를 빨리 해야 하는 절박한 상황이 되어야 한다. 또한, DSR 완화 없이 LTV만 완화할 경우 효과는 제한적일 수 있다.

사실 가계 부채는 경제가 성장하고 주택 수가 늘어날수록 자연스럽게 증가한다. 저신용자나 저소득자의 경우에는 정부가 지급 보증을 해서 지원해주는 대신 도덕적 해이(道德的 解弛, Moral Hazard) 현상이 생기지 않도록 저금리 장기 상환 상품을 개발하는 것이 맞고, 고신용자나 고소득자 중 내 집 마련이 필요한 실수요자에게는 LTV와 DSR 한도를 높여주는 것이 맞다.

이미 주택을 구입한 유주택자가 거주 목적이 아닌 주택을 추가로 구입한다면 매우 엄격한 대출 규제를 하는 것이 맞지만 집이 필요한 실수요자에게는 집을 살 수 있도록 지원해주는 것이 진정한 주거 복지다. 실수요자가 집을 사면 전세 수요가 줄어들면서 전세 시장도 안정되는 긍정적인 효과가 있다.

기준금리가 올라가자 대출금리는 급등하는 데 반해 예금금리는 찔끔 올라가서 열 받는다고 하는 사람이 많다. 정부가 가계 부채 관리를 하라고 하니 예금과 대출금리 간 격차를 더 만들어 이자 장사를 하는 시중 은행을 보면 필자도 울화통이 터진다.

윤석열 정부는 이런 국민의 울화통이 터지지 않도록 과도한 예금과 대출금리 간 격차를 해소하기 위해 합리적인 대책을 만들어 국민 부담을 해소하겠다고 한다. 시중은행이 예금금리와 대출금리 간 차이를 주기적으로 공시하도록 하고, 기준금리가 오르거나 내려가는 상황에서 예대금리 차가 가파르게 증가하는 경우 금융당국이 가산금리 산정 시 리스크를 적절하게 설정했는지, 담합 요소가 없는지 등을 따져 금융기관 간 투명하고 공정한 경쟁을 유도해 금융소비자의 보호도 강화할 계획이다.

04 ———————————

임대 시장 정상화 및 임차인 주거 안정

#임대차 3법
#공공 및 민간 임대주택 사업
#비정상 거처 거주자
주거 급여 대상 확대 및 급여 현실화

    부동산 정책이라고 하면 집값 상승을 잡기 위한 정책만 생각하는데 매매 시장만큼 중요한 임대 시장을 위한 정책도 있다.

    모든 국민이 집을 가져서 1주택이 되는 것은 사실상 불가능하다. 전 세계 어디에도 그런 나라는 없다. 예전에 루마니아가 공산국가 시절 때 전 국민한테 1주택을 가지게 하는 정책을 시행한 적이 있었지만 그 결과 처참할 정도로 경제가 무너졌다. 미국, 일본 등 선진국도 그렇고 우리나라 역시 6대 4 정도다. 주택을 보유한 사람의 비율이 60%, 보유하지 못한 사람의 비율이 40% 정도가 정상이라는 말이다. 자금이 부족해서 주택 구입을 미루고 임대 거주를 하는 사람도 많지만 자금이 충분한데도 굳이 살 필요를 느끼지 못해 임대 거주를 하는 사람도 많다.

2020년 7월 30일에 전격적으로 계약 갱신 청구권과 전월세 상한제, 이른바 임대차 3법이 시행됐다. 전월세 신고제는 1년이 지난 2021년 여름에 시행됐다. 임차인의 주거 안정을 위한 임대차 3법이 돼야 했었는데 급등하는 집값을 잡으려고 임대인을 규제하기 위한 정책수단으로 활용되면서 부작용이 속출했다. 지금도 그 부작용은 진행 중이다.

2년 임대 기간이 만료되면 2년 더 연장할 수 있는 계약 갱신 청구권은 태생적으로 분쟁의 씨앗을 품고 있다. 임차인이 2년 연장을 요구하면 임대인은 받아주거나 실거주 등의 이유로 거부할 수 있다. 요구를 했을 때 요구에 대한 수용이나 거부를 하는 방식은 임대인과 임차인 모두에게 분쟁의 대상이 된다. 상생이 되어야 할 동반자적 관계를 분쟁의 대결구도로 만들어버린 것이다.

차라리 최단 존속 기간인 2년을 3년으로 연장해줬으면 깔끔하게 해결될 문제였다. 초등학교 6년, 중학교 3년, 고등학교 3년을 생각하면 3년이 최선의 임대 기간이다. 2년에서 3년으로 최단 존속 기간을 변경하지 않고 왜 분쟁의 빌미를 제공해주는 '2+2' 계약 갱신 청구권이 도입되었을까? 정책과 법을 만드는 높으신 분들이 상가임대차보호법에 있던 10년 계약 갱신 청구권의 내용을 별 고민 없이 그대로 도입했기 때문이다. 서민 주거 안정을 위한 고민이나 분석을 제대로 하지 않았다고 할 수 있다.

윤석열 정부는 임대차 3법을 손질해 임대 시장을 정상화하고 공공 임대주택 사업과 민간 임대주택 사업을 강화해서 임차인의 주거 안정을 향상하겠다고 한다. 임대차 3법의 내용을 수정하려면 국회에서 법안 처리가 필요한데 2024년 4월까지 야당이 된 민주당이 과반 이상의 의석수를 차지하고 있는 점을 감안하면 공약과 달리 빠른 법 개정은 어려울 것이다. 1회뿐인 2+2 계약 갱신을 한 다음, 5%룰이 적용되지 않는 새 계약을 하는 경우 과도한 인상을 제어할 수 있다는 내용 정도는 여야 합의를 거친 뒤 시행될 수 있을 것이다. 예를 들어, 임대차 계약 갱신 시 5% 이내로 올리는 1주택 임대인에게 양도세 실거주 요건 1년을 인정해주는 상생 임대인제도를 보완해 다주택자로 대상을 확대하고 인센티브를 1년에서 2년으로 늘리거나 임대료를 올리지 않는 임대인에게 종합부동산세 등에 대해 세제 혜택을 주는 방안도 거론될 수 있을 것이다.

공공 임대주택의 양적·질적 확충 공공 임대주택에는 공공이나 민간이 지어서 임대하는 건설 임대주택, 기존 건물을 매입해서 임대하는 매입 임대주택 등이 있다. 장기 공공 임대주택 재고량은 전체 주택의 7.4%를 차지하지만(2019년 기준) 이 중 시설이 열악한 매입 임대주택이나 면적이 작은 행복주택 등이 많은 바람에 수요자가 외면하면서 공실이 발생하고 있다.

윤석열 정부는 공공 임대주택의 방향을 잡고 수요가 높은 건설 임대를 중심으로 공공 임대주택을 연평균 10만 호씩 50만 호를 공급한다는 계획이다. 수요자들의 욕구에 맞춰 호당 면적 규모도 확대하고, 도심 복합 개발 등을 통해 수요가 있는 곳에 공급하겠다는 것이다.

　기존 노후화가 된 공공 임대주택의 복합 개발과 리모델링도 추진한다. 공급된 지 30년이 넘는 장기 공공 임대주택의 경우 건물 노후화로 입주자들이 기피하는 현상이 발생하고 있어서 노후 공공 임대주택 복합 개발과 리모델링을 통해 이 같은 문제를 해결하고 주거 취약계층 삶의 질을 현저히 개선하겠다는 것이다.

　계획 물량대로 실제 공급이 될 가능성은 높지 않다. 하지만 지금은 공공 임대주택의 공급을 늘리겠다는 방향성을 가지고 일관성 있게 추진한다는 것이 중요하지 목표 숫자는 크게 중요하지 않다.

　민간 임대주택 사업 여러 계층이 쾌적한 환경에서 차별이나 구별 없이 섞여 사는 사회적 혼합(Social Mix)을 실현하기 위해 민간 임대주택 사업자에 대해서는 세금 감면 혜택을 주는 대신, 공급량의 30%를 시장 가격의 3분의 2 이하 임대료를 받고 주거 취약계층에 제공하도록 할 계획이다.

　물론 실현 가능성은 높지 않다. 잘 사는 사람과 상대적으로 못 사는 사람이 함께 살 수 있도록 한다는 사회적 혼합 개념인 소셜 믹스(Social Mix)는 이미 노무현 정부 때 실패를 했던 정책이다. 공급량의 30%를 저렴한 민간 임대로 제공하는 것보다 세금 감면 혜택이 훨씬 더 많아야 하는데 현실적으로 쉽지 않다. 민간 사업자나 개인들은 오직 자신들의 이익을 최우선으로 한다. 그렇기에 세금을 내는 것이고 세금으로 정부가 공공의 이익을 위한 정책을 시행하는 것이다. 민간에게 공공성을 강요해서 안 되고 강요하더라도 성공하기 어렵다.

비정상 거처 거주자의 완전 해소 전체 가구의 3.7% 정도(2020년 주거 실태 조사)가 비정상 거처(공장, 여관, 판잣집, 비닐하우스, 고시원 등)에 거주하고 있어 인간다운 삶을 영위할 수 없는 상태다. 임대보증금을 무이자로 대여해 정상 거처로 이전하게 해주고 주거 급여 외에 정상 거처 이전 조건부 바우처를 지급해 주거 취약계층이 이사비 부담을 느끼지 않도록 조치하겠다고 한다.

역시 성공 가능성은 미지수다. 공적 자금으로 직간접적 지원을 해주더라도 물고기를 잡는 방법이 아닌 잡은 물고기를 주는 이런 방법은 밑 빠진 독에 물 붓기가 될 가능성이 높다. 지금 당장 불편함을 개선해주기보다 비정상 거처 거주자의 근본 원인을 살펴 스스로 경제 자립을 할 수 있는 프로그램 연구를 병행할 필요가 있다.

주거 급여 대상 확대 및 급여 현실화 주거 급여 대상자가 2015년 제도 도입 당시 기준 중위소득의 43%에서 2022년 46%로 확대됐으나 아직 상대적 빈곤선인 기준 중위소득의 50% 수준에는 미치지 못하고 있고 급여 수준도 최저 주거 기준을 충족시키기에는 부족한 상태다. 그래서 주거 급여 대상자를 기준 중위소득

46%에서 50%로 확대하고, 주거 급여 기준이 되는 기준 임대료를 100% 현실화하며 기준 임대료의 지역별 기준(현행 4개 급지)을 세분화해 현실에 맞게 주거 급여를 현실화할 계획이다.

또한, 기후 변화를 감안해 혹서기(酷暑期) 지원제도를 신설하고 주거비의 일부라고 할 수 있는 관리비도 주거 급여의 일부로 산정하며 최저 주거 기준에 미달하는 가구에는 이사비 바우처도 지급할 예정이다. 청년 1인 가구 분리 기준 연령(현행 30세)을 낮춰 청년 1인 가구도 주거 급여 지급 대상이 되도록 개선한다.

내용이야 다 좋지만 실현 가능성이 낮고 공허한 느낌도 들어서 잘 체감이 되지 않는다. 보기 좋은 그럴듯한 정책을 많이 하는 것보다 국민이 피부로 체감할 수 있는 정책을 제대로 시행하는 것이 진짜 정책이다. 차라리 온라인 부동산 등기부등본 전면 무료가 와 닿는다.

민간 주도 250만 호
원가주택 30만 호
역세권 첫 집 20만 호

#민간 주도 250만 호
#원가주택
#역세권 첫 집

　　주택 공급이 부족한 상황에서는 아무리 수요를 억제해도 필요함을 강하게 느끼거나 이번에 못 사면 영원히 못 살 것 같다며 불안해하는 실수요자들이 집을 사면 집값이 오른다는 것을 확인한 문재인 정부는 2020년 이후 부동산 정책의 방향을 수요 억제에서 공급 확대로 전환했다.

　　3기 신도시를 비롯하여 공공 재개발, 도심 공공주택 복합 개발, 공공 직접 시행 정비 사업 등을 통해 서울 30만 호, 전국 80만 호 등 대규모 주택 공급을 하겠다는 야심 찬 계획을 발표했다. 하지만 주택 공급의 타성 기간(부동산 경기의 변동이 일반 경기의 진퇴에 비해 뒤지는 시차)과 토지 보상, 토지 소유자들의 반발 등에 막혀 주택 공급의 속도를 빨리 내지 못하고 있다.

이렇듯 주택 공급이 부동산 시장의 핫 이슈로 떠오르자 윤석열 정부의 1호 부동산 공약은 전국 250만 호 이상(수도권 130만 호 이상)의 신규주택 공급계획이다. 공공 주도가 아닌 공공과 민간이 함께 공급을 늘린다는 점이 문재인 정부와 결이 다르다고 할 수 있다. 정부는 규제 혁신과 인허가 등 행정 지원을 하면서 용적률 상향 등을 통해 사업성도 높여 신속하게 추진할 수 있게 해준다.

윤석열표 주택 사업으로는 '(청년)원가주택'과 '역세권 첫집'이 있다. '원가주택'은 무주택 청년 가구가 3기 신도시 등 공공택지의 국민주택 규모 이하 주택을 시세보다 낮은 원가로 분양받아 5년 이상 거주한 뒤 국가에 매각해 차익의 70%까지 가져갈 수 있게 하는 개념의 주택으로 30만 호를 계획하고 있다. '역세권 첫집'은 역세권의 민간 재건축단지의 용적률을 300%에서 500%로 높여 공공 분양주택을 확보하는 개념의 주택으로 20만 호를 계획하고 있다.

이제부터 대한민국 수도이자 부동산 시장의 핵심지역인 서울의 공급계획에 대해 상세히 알아보자. '내 집이 있는 서울'이라는 슬로건을 내세우고 용도지역과 용적률을 완화하는 쌍끌이 규제 혁신으로 40만 호의 신규주택을 공급한다는 계획을 대선 기간에 발표했다.

40만 호 신규주택 공급 세부 내용
30년 이상 공동주택 정밀 안전진단 면제
재건축 초과 이익 환수제 대폭 완화
과도한 기부 채납 방지
사업성 낮은 지역에 공공 참여 재개발 시 2단계 이상 용도지역 상향
분양가 규제 운영 합리화 등(공공 시행의 경우)
토지주에게 10~30% 추가 수익
사업 기간 단축
사업 종료 시까지 인허가, 개발 비용, 주택 경기 변동 등 리스크의 공공 부담을 통해 사업 추진력을 지속적으로 확보 재건축 및 재개발 대상지 확충과 신속하고 통합된 인허가 처리로 주택 공급 확대

앞에서 말했던 역세권 첫 집과 연결해서 각종 규제를 완화해 5년간 '서울 역세권 첫 집' 10만 호도 공급할 계획이다. 역세권의 민간 재건축단지 용적률을 현행 300%에서 500%까지 상향 조정하고 추가되는 용적률의 50%를 기부 채납으로 받는다. 이렇게 확보되는 주택을 청년, 신혼부부, 무주택 서민을 위한 역세권 첫 집으로 공공 분양을 하고, 국·공유지를 활용한 역세권 첫 집도 공급한다. 역세권 첫 집의 공공 분양주택은 반값 아파트로 공급되며 입주자는 분양가의 20%만 부담하고 80%는 장기 대출을 통해 내 집을 소유하게 된다.

또한, 기반시설이 양호하고 개발 여력을 갖춘 역세권 2종이나 3종 일반주거지역을 준주거지역으로 용도 상향해 역세권 복합 개발이 가능하도록 제도를 개선하고 공공이 참여하면 최대 700%까지 용적률을 완화해 복합 개발을 추진한다. 재건축과 마찬가지로 완화된 용적률의 절반은 공공 임대주택과 지역사회에 필요한 공공시설로 활용하며 층수 제한도 상한 용적률과 연동해 최대 2배까지 차등적 완화를 할 예정이다.

물량 앞에 장사 없다고 민간 주도 250만 호, 원가주택 30만 호, 역세권 첫 집 20만 호 등 계획대로 공급된다면 주택 시장은 빠르게 안정될 것이다. 오히려 공급 과잉의 후유증을 겪을 것이다. 하지만 실현 가능성은 매우 낮다. 대선 공약인 만큼 어느 정도의 과장된 허수를 감안하고 문재인 정부의 공급계획 물량을 포함했다 하더라도 실현 가능성이 낮은 공급계획 숫자임에는 분명하다. 서울 아파트가 200만 호가 되지 않고 분당신도시가 10만 호 정도임을 감안하면 목표의 절반 달성도 어려울 것이다.

그래도 주택 시장 안정을 위해 대규모 공급 물량을 늘리겠다는 의지는 확고한 만큼 지금보다 주택 공급은 더 늘어날 것이다. 물론 2025년 이후 3기 신도시 입주와 맞물리면 주택 공급 물량은 분명 늘어나는데 오히려 부담스러운 수준까지 될 수도 있다. 주택 시장 분위기가 침체되는데 입주 물량이 나오기 시작하면 집값 냉각의 또 다른 문제가 발생할 수 있기에 무조건 공약대로 추진하기보다는 시장 상황을 감안한 적절한 추진 전략이 필요해 보인다.

1기 신도시 10만 호 공급

#1기 신도시 재건축 10만 호
#용적률 상향
#세입자도 득을 보는 정비 사업
#이주 전용단지

88올림픽과 경제 성장, 베이비붐 세대의 결혼 등의 영향으로 폭발하는 주택 수요로 인한 집값 급등을 막기 위해 1990년대 초반 노태우 정부는 200만 호 주택 건설계획을 발표한다. 이때 서울에 인접한 성남 분당, 고양 일산, 군포 산본, 부천 중동, 안양 평촌 등 5개 신도시가 건설됐다. 노태우 전 대통령의 공약으로 시작된 1

───── 1기 신도시 ─────

구분	분당	일산	평촌	중동	산본
면적	594만 평	476만 평	154만 평	164만 평	127만 평
호(세대)	9만 7,600호	6만 9,000호	4만 2,000호	4만 1,200호	4만 2,000호

• 주: 편의상 '평' 단위를 사용함.

기 신도시 사업은 수도권에 대규모 주택 공급의 패러다임을 바꾼 획기적인 사건이었다.

　당시만 해도 계획 도시인 1기 신도시가 시간이 지나 노후화 될 것이라는 생각은 아무도 하지 못했다. 하지만 이제는 현실이 됐다. 어느덧 30년이 되어가고 있는 1기 신도시는 그동안 부동산 시장의 뜨거운 감자였다. 재건축 사업을 진행하면 대규모 투기 수요가 유입되면서 신도시 집값은 급등할 것이고 사업성은 나빠질 것이다. 또한, 엄청난 이주 수요가 발생하면서 주변 지역의 집값 및 전세 가격을 자극할 것이 뻔하다. 그렇다고 순차적으로 개발하면 형평성 문제가 발생할 것이고 각종 특혜시비가 끊이지 않을 것이다. 한마디로 폭풍의 소용돌이 속으로 빨려 들어가게 된다.

　그래서 정부는 감히 신도시 관련 재건축 이야기를 꺼낼 엄두를 내지 못했고 대안으로 리모델링 사업이 제시됐지만 제대로 추진되지는 못하고 있다. 일반 분양을 통해 사업비를 충당하면서 조합원 부담을 줄일 수 있는 재건축 사업과 달리 리모델링 사업은 대부분 조합원이 낸 돈으로 이주하고 건축도 해야 하기에 조합원 부담이 크고, 재건축처럼 철거한 후에 완벽한 새 아파트가 되는 것이 아니라 골격은 두고 증축하는 개념이어서 선호도가 떨어진다. 처음에는 마치 재건축과 같이 새 아파트가 된다는 기대감에서 리모델링 사업을 찬성하는 조합원이 많았지만 막상 추진위원회가 구성되고 사업비와 분담금 이야기가 나오면 생각이 달라지면서 반대 의견이 늘어난다. "난 지금도 만족하는데 굳이 내 돈 들어서 하기 싫다", "차라리 더 기다렸다가 재건축 사업으로 하자" 등 여러 의견이 난무하면서 조합 설립조차 쉽지 않다. 리모델링 사업은 재건축보다 결코 건축비가 적게 들어가는 사업이 아니다.

재건축을 추진하기에는 엄두가 나지 않고 리모델링은 제대로 추진되기 어려운 뜨거운 감자인 1기 신도시 재건축 및 리모델링 사업 추진과 관련해 윤석열 정부가 용감하게 도전장을 냈다. 노후화된 분당, 일산, 산본, 중동, 평촌 1기 신도시의 재탄생을 지원해 수도권의 주택 공급 종합 대책 일환으로 추진하겠다는 것이다. 윤석열 정부에서 추진하는 1기 신도시 정비 사업은 용적률 상향 및 규제 완화, 세입자도 득을 보는 재정비 사업, 이주 전용단지를 활용한 이사 수요 조절 등 3가지 방법으로 진행된다.

용적률 상향 및 규제 완화 1기 신도시 재정비 사업은 '국민이 살고 싶어 하는 동네에 살고 싶은 주택을 충분히 공급해 부동산 시장을 안정시킨다'라는 부동산 대책의 틀 안에서 진행한다.

1기 신도시 재정비 특별법을 만들어 행정절차가 필요한 용적률 상향 등을 신속하게 처리한다. 평균 용적률 169~226%로 1기 신도시는 건설됐는데 토지 용도 변경과 종 상향을 통해 용적률을 높이고 체계적으로 재정비 사업을 추진하면 10만 호 이상을 추가로 공급할 수 있다고 예상된다. 3기 신도시 2~3개를 새로 짓는 것과 맞먹는 물량으로 입지가 좋은 노후 주거지 정비와 새 아파트

10만 호 공급이라는 두 마리 토끼를 잡을 것으로 기대된다. 빠른 사업 추진을 위해 다양한 규제를 완화해 사업의 수익성을 개선하고 주민의 부담도 덜어줄 것이다.

세입자도 득을 보는 재정비 사업 지금까지 재건축과 리모델링 사업은 집주인만 득을 보고 세입자에게는 득이 없었다. 이런 문제를 해결하기 위해 자금 부담 능력이 부족한 고령 가구에 재정비 기간 중 이주할 주택을 제공하고 세입자가 재정착할 수 있도록 일반 분양분 우선 청약권과 임대주택 입주 기회를 제공할 계획이다.

이주 전용단지를 활용한 수요 조절 재정비 과정에서 이사 수요가 한꺼번에 쏟아지는 바람에 집값이 들썩이거나 주민들이 불편을 겪는 문제가 발생하지 않도록 1기 이주 전용단지를 만들어 순환 개발을 실시한다. 이주 전용단지의 부지로는 3기 신도시 개발 예정지역을 포함한 중소 규모 공공 택지 개발 사업지구가 꼽히고 있다. 3기 신도시 청약 대기자와 입주 희망자들에게 피해가 없도록, 택지 공급 순위 자체를 늦춘 후순위 부지와 임대주택 부지, 미분양 토지, 중소 규모 공공택지를 활용하는 방식으로 진행된다.

이주 전용단지로서의 쓰임새가 다하면 88올림픽 아파트처럼 공공 임대주택이나 분양주택으로 활용하겠다는 계획이다. 88올림픽 당시 기자와 선수들에게 숙박할 장소를 제공하기 위해 건설됐다가 일반 분양을 한 방이동 올림픽선수기자촌아파트, 잠실 아시아 선수촌아파트 등의 사례를 다시 활용하겠다는 것이다.

1기 신도시 재정비 과정에서 발생하는 이주 수요에 대한 대책을 고민했다는 점에서 긍정적인 평가를 해주고 싶다. 다만 투기 수요 유입을 막기 위해 토지거래허가구역 지정 등 투기 예방 대책도 철저히 병행해야 할 것이다.

1기 GTX 노선 연장

#1기 GTX
#GTX-A 평택 연장
#GTX-C 평택 · 동두천 연장

광역급행철도 GTX가 어느 순간 미래 골드라인의 대명사
가 됐다. GTX(Great Train eXpress)는 2009년 김문수 당시 경기도
지사가 동탄신도시에서 대심도(大深度) 고속전철 구상을 처음 발표
하면서 알려졌다. GTX의 'G'가 경기도를 의미하기도 했는데 이후
'Great'로 정리됐다.

윤석열 정부의 교통 공약 대부분을 차지할 만큼 GTX에 대
한 국민의 관심이 높은 이유는 서울 강남, 광화문, 여의도 등 핵심
지역을 관통하는 동시에 속도로 빠르기 때문이다. 일산신도시에서
강남으로 나오려면 새벽에 달리지 않는 한 지하철 3호선을 타도,
광역버스를 타도, 승용차를 타도 1시간 이내로는 어렵다. 그런데

GTX-A(A 노선)가 개통되면 일산에서 강남까지 30분 안에 이동할 수도 있다고 하니 열광하지 않을 수 없다.

GTX가 기존 지하철과 달리 파격적으로 운행 시간을 단축할 수 있는 이유는 정차역이 적고 지하 40미터 이하 대심도에 건설하기 때문이다. 또한, 토지 소유자의 재산권이 적용되지 않는 지하 40미터 이하에 건설되어 지하철보다 민원과 토지 보상 비용이 적고 건설 속도가 빨라 사업 비용도 대폭 줄일 수 있다.

현재 2027년 완공 목표로 1기 GTX 3개 노선 사업이 진행되고 있다. 파주 운정과 화성 동탄을 잇는 A 노선은 2019년에 착공됐고 인천 송도와 남양주 마석을 잇는 B 노선은 2023년, 덕정과 수원을 잇는 C 노선은 2022년 착공 예정이다. 물론 다른 지하철 공사처럼 상황에 따라 계획보다 더 늦어질 수 있다는 점은 염두해 둬야 한다.

그런데 1기 GTX의 기존 3개 노선으로 수도권 전체를 아우르기에는 아무래도 역부족이다. 기존 지하철 노선과 달리 서울 중심지와 외곽 도시를 빠르게 연결하는 콘셉트의 대심도 고속철도 개념이기 때문에 정차역을 많이 넣을 수가 없고 3개 노선도 제대로 추진하기 버거운 상황이기 때문이다. 교통 사각지대가 많은 바람에 GTX의 혜택에서 소외된 지역이 많아 불만의 목소리가 높았다. 이런 상황에서 3기 신도시를 포함한 대규모 개발 사업이 완성될 경우 1기 GTX 노선이 닿지 않는 지역 중심으로 심각한 교통지

옥이 벌어질 것은 명약관화(明若觀火)한 일이다. 그래서 윤석열 정부는 1기 GTX A 노선과 C 노선 연장 카드를 꺼내 들었다.

기존 파주 운정에서 화성 동탄을 연결하는 A 노선은 평택지제까지 연장한다. 기존 수원에서 덕정을 연결하는 C 노선은 북쪽으로는 동두천, 남쪽으로는 평택까지 연장한다.

———————● 1기 GTX 정차역 ●———————

GTX 노선	구간
A 노선	운정-킨텍스-대곡-연신내-서울역-삼성-수서-성남-용인-동탄-**평택지제**
B 노선	송도-인천시청-부평-부천종합운동장-신도림-여의도-용산-서울역-청량리-망우-신내-별내-왕숙-평내호평-마석
C 노선	**평택-송탄-오산-병점**-수원-의왕-금정-인덕원-과천-양재-삼성-왕십리-청량리-광운대-창동-도봉산-의정부-덕정-**동두천**

· 주: 진한 색으로 표기된 정차역은 연장된 노선의 역임(예정).

노선을 연장할 경우 교통 환경 개선의 수혜를 받는 지역과 주민이 늘어나고, 늘어난 만큼 사업성이 개선되기 때문에 1석 2조의 효과를 얻을 수 있다. 그런데 갑자기 GTX 연장으로 추가되는 역이 신설되는 지역의 경우 공약에 포함된 것일 뿐, 예산 문제, 철도 교통망계획, 예비 타당성 등 넘어야 할 산이 많은데도 시작도 하기 전에 집값부터 들썩일 가능성이 있으므로 투기 수요와 집값 상승을 막을 수 있는 보안 대책도 필요하다.

1기 GTX 기존 구간 및 연장 구간

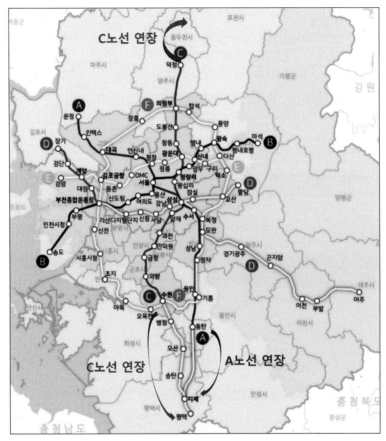

• 출처: 국민의힘

08

2기 GTX 3개 노선 추가

#2기 GTX
#D~F 노선 신설

1기 GTX의 기존 3개 노선 중 A 노선과 C 노선을 연장하기로 했지만 교통 사각지대를 없애고 GTX 혜택에서 소외된 주민들을 달래기에는 역부족이라 생각한 윤석열 정부는 이른바 2기 GTX 노선(GTX-D, GTX-E, GTX-F)을 신설해 수도권 전체를 촘촘하게 거미줄 망으로 연결할 계획이다. 더 나아가 1기 GTX 연장과 추가되는 2기 GTX 3개 노선을 통해 수도권을 하나의 메가 시티로 만들겠다는 큰 그림을 그리고 있다. 2기 GTX 3개 노선의 신설 추진계획에 대해 상세히 알아보자.

D 노선은 문재인 정부 때 이미 발표된 라인이었다(김포 장기-검단-계양-대장-부천종합운동장-신도림-여의도-용산). GTX에 기대

감이 높아져 강남 연결을 원하는 지역 주민들의 눈높이를 만족시키지 못한 D 노선을 대폭 손질해 강남을 통과하는 수도권 남부 동과 서를 잇는 라인으로 개발한다. '김포-대장-신림-사당-삼성-하남-팔당'의 라인을 기본 노선으로 하고, 강남 삼성에서 분기되는 '삼성-수서-광주-여주'를 잇는 라인을 추가해 옆으로 눕힌 Y자 형태로 건설한다. '김포-팔당' 구간은 신설하고, '삼성-여주 구간'은 신설 및 기존 경강선 일부를 활용할 계획이다.

E 노선은 수도권 북부에서 동과 서로 뻗어 나가 '인천-김포공항-정릉-구리-남양주' 라인을 갖춘다. '김포공항-구리' 구간은 신설하고 나머지 구간은 공항철도와 경의중앙선을 활용할 계획이다. 지금까지 수도권 북부에는 동과 서를 잇는 철도망이 없었는데 E 노선이 생기면 불편했던 수도권 북부지역 교통망이 크게 개선될 것이다. 또한, 주민들의 편의성 개선뿐만 아니라 수도권 북부지역 발전에 큰 도움이 될 것으로 기대된다.

●━━━━━━━━━ 2기 GTX 노선 정차역(예정) ━━━━━━━━━●

GTX 노선	구간
D 노선	장기-검단-계양-대장-부천종합운동장-가산디지털단지-신림-사당-강남-삼성-잠실-교산-팔당 삼성-수서-복정-모란-경기광주-곤지암-이천-부발-여주
E 노선	검암-계양-김포공항-등촌-DMC-평창-정릉-광운대-신내-구리-다산-덕소
F 노선	대곡-장흥-의정부-탑석-풍양-왕숙-다산-덕소-교산-복정-모란-정자-기흥-수원-오목천-야목-초지-시흥시청-신천-부천종합운동장-김포공항-대곡

D·E·F 노선

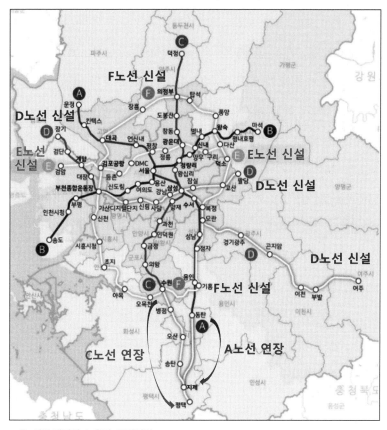

• 주: 신설 예정임 ┃ 출처: 국민의힘

    F 노선에는 수도권 거점지역을 연결해 수도권 전체를 하나의 메가 시티로 만드는 순환선 개념이 도입된다. '고양-양주-의정부-남양주-하남-성남-용인-수원-안산-시흥-부천-김포공항-고양'을 잇는 순환라인으로 '성남-고양' 구간만 신설하고 나머지 구간은

서해선과 수인분당선을 활용한다는 계획이다.

1기 GTX 3개 노선 중 A 노선과 C 노선이 연장되고 2기 GTX 3개 노선까지 신설되어 완공되면 1기 신도시 5곳, 2기 신도시 10곳, 3기 신도시 5곳 등 수도권 일대 주요 주거 밀집지역에서 서울 도심까지 이동 시간을 획기적으로 줄일 수 있다. 서울과 수도권이 뉴욕, 도쿄, 런던 같은 세계적 메트로폴리스보다 훨씬 빠른 광역교통망을 갖추게 되는 것이다. 또한, GTX 노선을 따라 콤팩트 시티(Compact City)를 건설해 25만 호의 주택을 공급하겠다는 야심 찬 계획도 갖고 있다

D~F 노선 신설에 필요한 재원은 총 17조 6,440억 원 정도로 추산된다. 기존 A~C 노선 연장에 1,940억 원, D 노선 사업비 6조 7,500억 원, E 노선 사업비 4조 3,000억 원, F 노선 사업비 6조 4,000억 원 정도다. 그런데 구체적으로 진행될 경우 계획 예산을 훌쩍 뛰어넘는 더 많은 재원이 투입될 가능성도 배제할 수 없다.

아직은 공약단계로 D~F 노선이 실현되기까지는 매우 긴 시간이 필요하다. 국가철도망 구축계획에 포함되어야 하고 예비 타당성 조사도 마쳐야 하기에 아직은 산 넘어 산이다. 17조 원이 넘는 예상 사업비 중 4조 원 정도를 국가에서, 나머지 13조 원 정도를 민자 유치로 진행할 예정인데 확실한 사업성이 확보되지 않으면 민자 사업 추진 동력을 얻기도 쉽지 않아 예상보다 더 오랜 시간이 걸릴 수도 있다.

2009년에 GTX 사업이 발표된 이후 10년이 지나서야 A 노선이 착공에 들어갈 수 있었다. 그나마 A 노선의 경우 동탄과 수서 구간은 SRT 노선을 같이 사용하고 국가 예산이 투입되기 때문에 빨리 진행된 것이다. 나머지 B 노선과 C 노선은 2022~2023년에 착공할 계획이지만 민자 사업이어서 더 늦어질 가능성이 있다.

09 ————————————

서울

#도로와 철도 지하화
#철도 차량기지 개발
#규제 완화 40만 호
#역세권 첫집 10만 호

대한민국의 수도이자 경제, 문화, 교통, 부동산의 중심지 서울에 대한 부동산 공약은 우리나라 전체 부동산 공약보다 더 큰 이슈와 관심이 집중된다. 서울 집값이 오르면 그 흐름이 수도권, 지방으로 타고 들어가서 전국을 들썩이게 한다. 서울에 거주하지 않아서 상관없다는 사람도 많지만 반대로 거주하지 않아도 '그래도 서울에 집 하나는 가지고 싶다'며 서울에 투자하는 사람도 많다.

그래서 대선 후보의 지역 개발 공약 중에서 서울 공약은 (서울에 살지 않는 사람까지 포함해) 많은 사람의 관심 대상이고 뉴스에서도 톱 이슈로 다루고 있다. 그래서 지역 개발 공약 중 우선으로 알아보도록 하겠다.

더 넓어지는 서울

서민의 발이 되는 교통망을 촘촘하게 구축하기 위해 서울의 도로와 철도, 인프라 확충 관련 내용을 살펴보면 도로, 철도의 지하화가 가장 눈에 띈다.

① **도로·철도 단계적 지하화** 이와 관련해 구체적인 내용은 다음과 같다.

- 경부선 당정~서울역 구간(32킬로미터)
- 경원선 청량리~도봉산 구간(13.5킬로미터)
- 경인선 구로~인천역 구간(27킬로미터)
- 고속도로 한남IC~양재IC 구간(6.81킬로미터)

이미 포화가 된 서울과 수도권에 도로와 철도망을 확충하려면 지하화가 필요하다. 그동안 논의는 있었지만 막대한 예산과 부처 간 이견, 강한 의지가 부족하면서 흐지부지되곤 했다.

앞에서 말했던 해당 구간이 지하화가 되면 도시 미관 개선과 함께 지하화 이후 생긴 지상 공간을 공공주택, 공원, 도로 등으로 활용함으로써 시민들 삶의 질 개선에 큰 도움이 될 것이다. 하지만 실현 가능성에 대해서는 여전히 의구심이 든다. 결코 쉽지 않은, 매우 어려운 사업이기 때문이다. 국토교통부와 각 지방자치단체(서울, 경기도, 인천)가 혼연일체가 되어 일사천리로 진행되어야 하지만, 막대한 예산 문제와 지역 간 형평성 문제가 발생하면서 배가 산으로 갈 가능성이 높다. 예를 들어, 경부선 구간을 먼저 시작할 경우 경원선과 경인선 구간의 지방자치단체나 주민들이 반발할 것이며 경부선이라도 당정~서울역 구간을 하면 당정 인근 의왕이나 수원 구간도 포함해달라고 엄청난 민원이 발생할 것이다. 국회의원, 지방자치단체, 대통령 선거 때마다 지역 간 이기주의인 PIMFY(Please In My Front Yard, 지역 발전에 유익한 것은 우리 지역에) 현상으로 엄청난 홍역을 앓을 수도 있다.

현실적으로 공약 내용에 포함된 모든 구간을 지하화하기는 어려울 것이다. 윤석열 정부 임기 내에 경부고속도로 한남IC와 양재IC 구간, 경부선 서울역과 용산 구간만이라도 착공에 들어갈 수만 있으면 성공이라 생각한다. 이 외 별도로 서울 교통망 개발계획 중에서는 그동안 계획은 있었지만 낮은 사업성으로 지지부진했던 용산역, 은평구, 고양시 삼송에 이르는 신분당선 서북부 연장 사업도 실시하려고 한다.

② **철도 차량기지 지하화 및 데크화** 서울 시내 철도 차량기지 10곳[총면적 약 221만 ㎡(67만 평)]을 지하화 또는 데크화(위를 덮는 방식)를 통해 개발한다는 계획을 세웠다. 현재 가시적으로 보이는 내용은 다음과 같다.

- 구로차량기지(25만 ㎡)는 스타트업 및 상업단지로 개발
- 창동차량기지(18만 ㎡)는 바이오 및 메디컬단지로 개발
- 서울역 북부역세권(5.5만 ㎡)은 호텔 및 컨벤션 복합단지로 개발

도로와 철도 지하화보다는 현실 가능성이 훨씬 더 높아 보인다. 서울의 철도 차량기지 10곳 중에는 지금도 이전을 추진하는 곳들도 있는데 공약 사업으로 정부에서 좀 더 적극적인 지원을 해준다면 탄력을 받을 것이다. 특히 구로, 창동, 서울역 북부역세권 등의 철도 차량기지와 유휴 부지는 계속 논의되고 있는 사안이고 토지 보상도 문제될 일이 없어서 충분히 해볼 만한 사업이다. 다만 공공 임대주택 등 지역 주민들의 기대와 다르게 개발될 경우 반발에 부딪힐 가능성도 있어서 공론화 과정을 통해 문제점과 지역 주민들의 요구사항을 면밀하게 검토해 반영할 필요는 있다.

내 집이 있는 서울

주택 부족이 핫 이슈로 떠오른 상황에서 주택 공급계획을 빼놓을 수 없다. 서울에서는 용도지역, 용적률 규제 완화로 40만 호, 역세권 첫 집 10만 호를 공급한다는 계획이다. 분당신도시가 10만 호가 안 되는 것을 감안하면 10만 호라는 숫자가 가지는 규모가 얼

마나 많은 물량인지 느낌이 올 것이다. 임기 내 규제 완화로는 실현 가능성이 낮아 보인다. 목표 숫자 달성은 어렵더라도 이렇게 규제 완화를 통해 공급 확대에 노력해서 목표 대비 절반 아니 3분의 1이라도 제대로 공급되면 좋은 게 아닐까 하는 생각을 해본다.

① **용도지역 · 용적률 쌍끌이 규제 혁신으로 40만 호 공급** 규제 혁신에 대한 구체적인 내용은 다음과 같다.

- 30년 이상 공동주택 정밀 안전진단 면제
- 재건축 초과 이익 환수제 대폭 완화
- 과도한 기부 채납 방지
- 사업성 낮은 지역에 공공 참여 재개발 시 2단계 이상 용도지역 상향
- 분양가 규제 운영 합리화 등

공공 시행의 경우 토지주에게 10~30% 추가 수익을 보장하고, 사업 기간을 단축하며 사업이 종료할 때까지 인허가, 개발 비용 변동, 주택 경기 변동 등 리스크를 공공이 부담해 사업 추진력을 지속적으로 확보한다. 또한, 재건축 및 재개발 대상지를 확충하고 신속한 인허가 처리로 주택 공급을 확대한다.

기반시설은 양호한데 건축물의 노후화로 정비 사업을 하는 재건축 사업의 경우 안전진단은 필요한 과정이어서 안전진단 면

제보다는 구조 안전성 점수 비중 조정 등의 보완으로 갈 가능성이 높다.

안전진단의 높은 기준으로 재건축 사업 추진이 어렵다면 안전진단의 기준을 합리적으로 보완해주면 된다. 서울 강남 4구에 주택 공급을 늘리려면 재건축 규제 완화가 필수인 만큼 이렇게 규제 혁신을 하는 것은 바람직하지만 투기 수요를 막고 주택 시장을 안정시키기 위한 보완 대책 마련도 필요해 보인다.

② **서울 역세권 첫 집 10만 호 공급** 역세권의 민간 재건축 용적률을 현행 300%에서 500%까지 상향 조정하고, 추가되는 용적률의 50%를 기부 채납으로 받아 확보되는 주택을 청년, 신혼부부, 무주택 서민을 위한 역세권 첫 집으로 공공 분양을 한다. 국·공유지를 활용한 역세권 첫 집도 5년간 10만 가구를 공급한다. 역세권 첫 집의 공공 분양주택은 반값 아파트로 공급되며 입주자는 분양가의 20%만 부담하고 80%는 장기 대출을 통해 내 집을 소유하게 된다. 또한, 기반시설이 양호하고 개발 여력을 갖춘 역세권 2종 및 3종 주거지역을 준주거지역으로 용도 상향하여 역세권 복합 개발이 가능하도록 제도를 개선하다.

공공이 참여할 경우 최대 700%까지 용적률 완화로 복합 개발을 추진할 수 있으며 재건축과 마찬가지로 완화된 용적률의 절반은 공공 임대주택과 지역사회에 필요한 공공시설로 활용하고 층수 제한도 상한 용적률과 연동해 최대 2배까지 차등적 완화를 둔다.

절반 가격에 20%만 부담하고 80% 대출을 받아서 내 집 마련을 할 수 있으면 참 좋겠지만 이렇게 좋은 조건에는 그만큼 국가 재원이 많이 투입되어야 하는 현실성을 감안하면 10만 호 공급은 실현 가능성이 낮다. 1만 호라도 양질의 역세권 첫 집이 공급되어 서울의 청년, 신혼부부, 무주택 서민에게 단비가 됐으면 좋겠다.

교통과 주택 대책 외에 일자리 창출을 위한 공약도 있다. 여의도 금융타운을 금융 허브로 육성하고, 금천을 영등포·구로와 연계해 K-스타트업 카운티로 육성하는 등 성장과 혁신의 서울을 만든다는 내용을 담고 있다. 또한, 유휴 부지를 활용해 녹지 공간을 늘리고 한강 생태계를 복원해 센트럴 워터파크로 재창조하는 등 따뜻한 일상의 서울을 만들기 위한 다양한 서비스 사업도 진행할 계획이다.

10 ─────────────

경기도와 인천

#2기 GTX 신설
#1기 신도시 재건축
#경인선 및 경인고속도로 지하화

대한민국 인구의 절반이 거주하는 경기도와 인천은 규모와 인구 면에서 서울을 압도한다. 정치, 경제, 문화의 중심지인 서울의 상징성이 워낙 커서 부동산 개발 공약도 서울에 집중되어 있지만 전체 인구의 3분의 1, 즉 서울 인구보다 1.7배가 많은 경기도와 인천이 없다면 서울은 수도 기능과 역할을 제대로 할 수 없었다.

서울과 유기적으로 연결되어 있는 수도권의 화룡점정(畵龍點睛)인 경기도와 인천과 관련된 개발 공약을 통해 향후 교통 및 생활 인프라가 얼마나 개선될지 가늠해보자.

경기도

① GTX 신설로 서울 도심까지 30분 내 접근 1기 GTX 노선 중 A 노선(파주 운정-화성 동탄)은 평택지제까지, C 노선(수원-양주 덕정)은 평택과 동두천까지 연장한다. 추가로 D~F 노선을 신설해 경기도와 인천 주민들의 교통 편익을 획기적으로 증진할 계획이다.

1기 GTX 중 A 노선을 제외한 B 노선과 C 노선이 아직 착공에 들어가지 못한 상황에서 추가로 한다는 D~F 노선이 제대로 추진될지는 여전히 의문이다. 추진되더라도 노선 변경이 있을 수 있고 10년 이상 오랜 기간이 소요될 것이다. 그렇다고 해도 수도권 교통망을 좀 더 촘촘하게 연결하는 GTX 신설에 대한 기대는 크다. 집값 상승의 원인인 서울 집중화 현상을 개선하고 3기 신도시가 베드타운이 아닌 진정한 자족 기능의 신도시로 성공하기 위해서는 경기, 인천의 교통망 개선이 필수이기 때문이다.

2기 GTX 노선 정차역(예정)

GTX 노선	구간
D 노선	장기-검단-계양-대장-부천종합운동장-가산디지털단지-신림-사당-강남-삼성-잠실-교산-팔당 삼성-수서-복정-모란-경기광주-곤지암-이천-부발-여주
E 노선	검암-계양-김포공항-등촌-DMC-평창-정릉-광운대-신내-구리-다산-덕소
F 노선	대곡-장흥-의정부-탑석-풍양-왕숙-다산-덕소-교산-복정-모란-정자-기흥-수원-오목천-야목-초지-시흥시청-신천-부천종합운동장-김포공항-대곡

② **1기 신도시 재건축 · 리모델링 추진** 노후화된 1기 신도시 재탄생을 지원한다. 수도권의 주택 공급 종합 대책의 일환으로 추진하는 1기 신도시 재건축 사업은 수도권 주택 시장을 흔들 핵폭탄급 개발 사업이라 해도 과언이 아니다. 투기 수요, 지역별 형평성, 이주 수요에 따른 주변 지역의 전세 불안 등 넘어야 할 문제가 많아 실제 추진될지는 불확실하지만 그동안 필요함에도 덮어두기만 했던 점에 비하면 1기 신도시 재건축 추진을 공약으로 내걸면서 공식화했다는 것이 매우 의미가 크다. 여러 부작용과 난관을 잘 극복하면서 제대로 추진만 된다면 3기 신도시 공급 이상의 큰 효과를 얻을 수 있는 것이 1기 신도시 재건축 사업이다.

이 외에도 체계적이고 조밀한 동서남북 광역교통망 구축을 추진해 경기 북부 접경지역을 향후 남북 경제 협력에 대비한 남북 교류 거점 도시로 육성하며 제3의 국립현충원도 건립한다는 계획이다. 또한, 4차 산업혁명 관련 첨단 산업 클러스터(Cluster)와 융복합 R&D 단지를 구축하는 등 균형 성장과 맞춤형 발전도 촉진한다.

인천

① **E 노선 신설 및 연장** 인천공항에서 마곡, 상암, 홍대입구역, 공덕역, 서울역으로 이어지는 공항철도가 있고 B 노선이 인천

송도, 부평, 인천시청을, D 노선이 검단, 계양을 통과하지만 인천 250만 시민의 발이 되어주기에는 여전히 아쉬움이 남았다. 그래서 E 노선 신설을 통해 좀 더 촘촘한 인천의 광역교통망 건설이 추진된다.

E 노선은 인천 영종, 청라, 검암에서 김포공항, 서울 도심(등촌-DMC-평창-정릉-광운대-신내), 구리, 남양주까지 30분 내 통행권으로 연결해 인천 시민의 출퇴근 불편을 해소하려고 한다. 또한, 공항철도~서울 9호선 직결로 서울로의 진입 속도를 높이고 인천공항과 지방과의 접근성 제고를 위해 제2 공항철도도 추진할 예정이다. 물론 E 노선, 제2 공항철도 공약이 공약으로만 그칠 수도 있고 추진되더라도 10년 이상 오랜 시간과의 싸움이 필요할 수도 있지만 그래도 공약에 포함되어 미래 개발 호재를 안고 추진동력을 얻을 수 있다는 점에서 충분한 가치가 있다.

② **경인선 · 경인고속도로 지하화** 인천을 남북으로 나눠왔던 경인선 인천 구간과 경인고속도로 인천 구간을 지하화하고 경인고속도로 남청라IC까지 연장해 빠르고 편리한 교통 서비스를 제공함으로써 인천 내 지역 간 단절 극복, 교통 혼잡 해소 및 주거 환경 개선을 추진한다는 계획을 갖고 있다.

우리나라의 교통망은 상당히 잘 갖춰져 있다. 그런데 교통 체증이 심한 이유는 도로가 부족하기보다 서울 과밀 현상으로 특정지역에 차량 유입이 많기 때문이다. 도로 몇 개를 더 늘린다고 해도 결국 병목 구간 체증이 더 늘어날 수 있다는 점에서 도로 지하화는 미래 교통망 개선을 위해 이제는 필요해졌다. 예산 문제 등 난관은 많겠지만 토지 보상금, 인근 지역 주민들의 민원, 도시 미관 개선 등을 감안하면 새로운 도로 개설보다 경인선, 경인고속도로 등 기존 주요 도로망의 지하화는 매우 효과적인 교통 대책임에는 분명하다.

이 외에도 송도 K-바이오 및 헬스밸리 육성, 영종 최첨단 항공 정비 산업(MRO)단지 조성, 청라에는 수소 에너지와 로봇 산업 중심으로 지원, 남동국가산업단지 등 기존 산업단지를 스마트 제조 혁신 지원 등을 통해 권역별 첨단 산업을 집중적으로 육성한다. 인천내항 주변 원도심의 재개발도 지원하며 집값 상승과 크게 거리가 먼 강화군, 옹진군을 규제지역에서 제외하는 방안을 추진된다. 주민들의 민원이 끊이지 않는 수도권 쓰레기 매립지 대체지를 조성하고 국립대학병원 유치 등 의료 인프라도 확충할 계획이다.

공약대로 다 이행되지는 않겠지만 경기도와 인천 내 교통망 개선, 산업 육성, 재개발 지원, 의료 인프라 확충 등 지역 주민들의 목소리를 정책에 반영하고 추진하는 노력을 한다면 서울 집중화 현상이 완화되어 집값 안정에도 도움이 될 것이다.

대전, 세종, 충청도

#신산업 벨트
#대전권 광역순환도로
#경부선과 호남선 지하화
#경제자유구역
#광역철도
#내륙철도

서울, 경기, 인천의 수도권지역을 제외하고 입지적, 행정적, 정치적으로 중요한 역할을 하는 지역이 바로 대전과 세종이다. 대전과 세종은 부산, 대구, 광주와 함께 지방 부동산 시장의 바로미터이자 핵심축으로 성장해 부동산 시장에서 매우 중요한 포지션을 차지하고 있다. 윤석열 정부 5년 동안 대전, 세종, 충청도는 어떻게 개발되고 발전될지 공약을 통해 알아보자.

대전

① 산업 환경 개선 '오송(바이오)~충주(2차 전지)~청주(시스템

반도체)~대전(IT)~천안(디스플레이)~논산(첨단 국방)'을 연계해 첨단 미래 산업의 연구 개발과 스타트업 전진기지로 양성한다. 또한, 대전, 청주, 천안, 세종에 AI, 양자컴퓨팅, 시스템반도체, 차세대 정보통신, 사이버 보안 관련 휴먼 디지털 중심 국가 신경망 기술 연구 클러스터 구축 등 산업·연구단지 중심으로 산업지도를 개편할 계획이다.

오송 바이오단지, 청주 반도체산업, 천안 디스플레이산업 등 대전권에 이미 구축된 산업 인프라에 AI 등 차세대 기술을 더해 새로운 중원 신산업 벨트를 구축하겠다는 의도이다. 수요와 공급 측면에서 봤을 때 양질의 일자리 창출은 수요 증가로 이어지면서 부동산 시장에도 큰 영향을 주는 만큼 대전과 충청권의 부동산 시장은 더욱 성장할 가능성이 높다.

② **교통 환경 개선** 대전권 광역순환도로 건설계획이 우선 눈에 띈다. 대전을 축으로 인근 주요 도시 G9(대전, 청주, 보은, 옥천, 영동, 공주, 논산, 계룡, 금산)을 유기적으로 연결하는 광역순환도로를 건설해 충청권 메가 시티를 구축하고 동반 성장을 추구한다는 계획이다. 산업 발전과 더불어 양질의 교통망 개선은 새로운 수요를 창출하고 기존 수요의 유출을 막는 중요한 요소다.

서울, 수도권과 마찬가지로 경부선, 호남선 철도 구간의 지하화도 추진된다. 대전 도심을 통과하는 경부선, 호남선의 일부 구간을 지하화하면서 낙후된 철도 주변을 미래 지향적인 도시 공간으로 재창조할 계획이다. 지하화를 한 후 남은 지상의 유휴지를 주거, 업무, 문화 및 녹지 공간으로 입체화하고 노후 도심공원을 도시 숲으로 탈바꿈하는 동시에 대전 3대 하천에 수변공원도 조성할 계획이다. 신규 도로 신설 및 확장뿐만 아니라 시대가 바뀌면서 도시 미관과 이동을 단절시키는 기존 경부선, 호남선 구간의 지하화는 시간이 걸리겠지만 반드시 추진되어야 할 과제다.

호남고속도로 대전 구간 확장도 추진된다. 호남고속도로 회덕IC부터 서대전IC를 연결하는 지선과 대전 구간을 확장해 교통 혼잡 상황을 개선한다. 그렇게 하면 세종시와의 접근성이 향상되고 충청권 메가 시티를 위한 광역교통망 확충까지 기대할 수 있게 된다. 대전권 고속도로의 심각한 교통 문제를 해결할 수 있을 것이다.

이 외에도 대전과 세종을 경제자유구역으로 지정하고 제2 대덕연구단지를 조성해 신산업 경제 도시로 자리매김을 시키겠다는 야심 찬 계획도 밝혔다.

세종

① 진정한 행정수도 청와대 제2 집무실을 설치하고 국회 세종 의사당을 차질없이 건립한다. 행정기관 대부분이 세종으로 이전했지만 청와대와 국회 등 핵심기관은 서울에 남아있다. 국회가 이전

하면 세종이 진정한 국가 행정수도로 거듭날 수 있을 것이다.

②**산업 환경 개선** 대전과 세종을 경제자유구역으로 지정해 미래의 자동차 등 특화 산업으로 육성하고 충청권 상생 협력 국가 산업단지를 개발한다. 암 치료센터 건립 및 방사선 의과학 융합 산업 클러스터를 구축하고 세종 디지털미디어센터(DMC)도 조성한다. 행정기관 위주로 개발된 세종의 특성상 부족한 산업 인프라 개선과 다양한 일자리 창출은 진정한 제2의 수도로 거듭나기 위해 반드시 필요하다.

③**교통 환경 개선** 세종과 대전, 충북을 잇는 충청권 광역철도를 건설하고 외곽지역을 연계한 교통체계를 확충한다. 세종 주변의 대전과 충청을 유기적으로 아우르는 촘촘한 교통망 개선은 세종이 진정한 중원의 강자가 되는 동시에 세종의 부동산 시장을 더욱 탄탄하게 떠받쳐 줄 것이다.

충청남도

①**산업 환경 개선** 내포신도시를 탄소 중립 시범 도시로 지정해 탄소 중립과 관련한 공공기관 이전 추진 등 국가 탄소 중립 클러스터를 구축하는 동시에 탄소 중립 프로젝트 거점으로 육성한다. 또한, 천안 성환종축장(種畜場)을 이전한 부지에 첨단 국가 산업단지를 조성한다.

공공기관 이전도 필요하지만 민간 기업들이 대규모 투자를 하면서 양질의 일자리를 창출할 수 있도록 유도하는 지원 프로그램을 제대로 만들어주는 것이 더 좋지 않을까 하는 생각도 해본다.

② **교통 환경 개선** 충남과 대전을 광역생활권으로 연결하는 충청내륙철도와 충남 서산~충북~경북 울진을 연결하는 중부권 동서횡단철도를 추진한다. 이렇게 된다면 중부권 동·서 간 교통망이 개선되고 충청권 메가 시티 기반을 마련할 수 있을 것이다.

서산 공군비행장의 항공 인프라를 활용해 충남공항(서산 민항)을 건설한다는 계획도 있다. 그런데 지방 공항 건설이 과연 지역 경제 발전에 얼마나 도움이 될지는 미지수다. 주요 선거 때마다 공항 개발이 이슈가 되는데 차라리 크게 필요 없고 막대한 유지 비용이 발생하는 공항보다는 양질의 일자리 창출과 촘촘한 교통망 개선이 더 우선순위가 되어야 하지 않을까 생각한다.

이 외에도 수도권 공공기관을 충남혁신도시로 이전하고 아산 경찰교육타운 부지에 국립경찰병원을 설립하며 내포신도시에 국립대학병원을 유치할 계획이다. 또한, 가로림만에 국가해양정원도 조성한다.

이렇게 산업, 교통, 의료 등 인프라가 개선되고 양질의 일자리가 창출되면 지역 인재가 수도권으로 유출되는 현상을 막으면서 지역 경제 발전과 부동산 시장 활성화에도 도움이 될 것이다.

충청북도

① **산업 환경 개선** 오창 첨단 방사광 가속기 활용 역량을 극대화하고 가속기 관련 신산업을 육성하고, 오송에 글로벌 바이오밸리를 조성하는 등 세종~충남~충북을 글로벌 바이오·헬스 산업 기지로 성장시킨다. 민관 R&D 육성 및 원천 기술 확보를 통해 2차전지, 시스템반도체, K-뷰티 산업으로의 고도화도 지원한다. 앞에서도 말했는데 양질의 일자리 창출은 인구 유출을 막고 지역 경제와 부동산 시장을 살리는 최고의 무기인 만큼 신산업 육성과 교통망 개선에 역량을 집중해줬으면 좋겠다.

② **교통 환경 개선** 청주공항의 시설을 개선하는 동시에 청주공항~청주 도심~오송~세종~대전을 연결하는 충청권 광역철도를 건설한다. 충남 서산~충북~경북 울진을 연결하는 중부권 동서횡단철도를 구축하고, 강원 원주~오송 간 철도 고속화도 추진한다. 교통망 개선은 다양하게 많이 할수록 좋다. 다다익선(多多益善)이다.

이 외에도 충주댐 전역의 관광특구 지정, 충주국가정원 조성, 속리산 일대의 국가 생태 문화탐방로 조성 등을 통해 문화, 관광, 체육, 휴양의 벨트도 조성하겠다고 한다.

12

부산, 울산, 경상남도

#가덕도 신공항
#부산항 북항 재개발
#경부선 지하화
#부울경 GTX
#울산 도시철도
#경남 내륙철도

서울 다음인 우리나라 2대 도시 부산은 지방 부동산 시장을 이끌어가는 선두주자다. 서울 흐름에 동조되기도 하지만 다른 흐름을 보이기도 하는 부산 부동산 시장은 지방 부동산 시장의 분위기를 가늠하는 중요한 역할을 하기도 한다.

이제는 부산을 울산, 경상남도와 묶어 '부울경'이라고 부른다. 남부지역에 새로운 수도권을 만들려는 시도의 일환이다. 그래서 부산의 부동산 시장을 보겠다고 하면 울산, 경남까지 묶은 부울경을 하나로 봐야 한다. 부산, 울산, 경남, 이른바 부울경에는 어떤 부동산 정책이 펼쳐질지 바로 알아보자.

부산

① **가덕도 신공항 조기 건설** 뜨거운 감자였던 가덕도 신공항의 개발 사업이 빠르게 추진될 수 있도록 예비 타당성을 면제한다. 조기 건설을 추진해 시너지 효과를 극대화하면서 글로벌 물류 플랫폼 거점 도시로 자리매김을 시키겠다는 것이다.

인구나 경제 규모를 봤을 때 부울경에 대규모 신(新)국제공항 하나는 필요해 보이고 부산의 경제 발전에 도움이 될 것이다. 하지만 향후 10년이 지나면 인구 감소가 본격화되는 마당에 차라리 공항 개발에 필요한 막대한 예산을 양질의 일자리 창출을 위한 기업 유치에 지원하고 인천공항으로 연계한 KTX를 지금보다 좀 더 촘촘히 연결해주는 건 어떨까? 아니면 여러 지방에 분산된 각각의 지방공항을 통폐합해 인천공항, 가덕도 신공항으로 이원화를 추진하는 방안도 고려해봤으면 좋겠다. 선거철마다 예산 먹는 하마인 공항 건설을 약속하다 보니 좁은 땅덩어리인 우리나라에 공항이 너무 많이 생겨 든 생각이다.

② **산업 환경 개선** 부산항 항만시설 재개발, 철도시설 재배치, 주변 지역 연계 통합 개발 등을 통해 부산항 북항 재개발 사업을 조속히 완성한다. 침례병원의 공공 병원화 등을 통해 공공 의료망을 확충하고, 해사전문법원을 설치한다. 또한, 해양 금융과 해운 기업의 클러스터 구축, 공공기관 지방 이전 등으로 글로벌 해양 문화

관광 도시로의 재도약을 지원한다.

　　시간이 지날수록 서울 집중화가 심해지고 세종, 대전을 중심으로 한 중원의 성장 속도가 무섭게 빨라지면서 과거 산업 경제의 중심이었던 부산, 울산, 경남의 경제가 위축되어 보였는데 이제 제2의 도약을 하기 위해서는 반드시 변화하는 시대 흐름에 맞게 재도약의 발판을 만들어야 할 것이다.

　　③ **교통 환경 개선** 교통망 개선은 아무리 강조해도 지나침이 없다. 제2의 도시 부산답게 서울, 수도권처럼 경부선 철도 도심 구간의 지하화와 GTX가 먼저 눈에 띈다.

　　경부선 철도 지하화를 통해 광역교통망 연계성을 증진하고 지상 유휴 부지를 활용하면 원도심 재도약 발판을 마련할 수 있을 것으로 기대된다. 또한, 상습 혼잡지역인 부전역 복합환승센터 설치도 추진된다.

　　드디어 부산에도 GTX가 등장했다. 부산, 울산, 경남에 GTX를 건설해 1시간 생활권으로 연결하겠다는 것인데 실제 진행이 될지, 되더라도 얼마나 긴 시간이 필요할지 지금으로서는 가늠이 힘들다. 아직 공약의 내용일 뿐이지만 부울경에 GTX가 개발되면 산업 생태계와 동남권 광역경제권 형성에 큰 도움이 될 것 같다. 당연히 부동산 시장에도 큰 바람이 불 것이다. GTX 사업이 본격화될 경우 예정되는 역 주변에 투기 수요가 유입해 들썩일 가능성이 있으므로 투기 방지를 위한 보완 대책도 같이 병행되어야 할 것이다.

이 외에도 2030 세계박람회(엑스포) 유치를 지원하고 55보급창과 8부두 도심 군사시설을 이전해 관련 지원시설로 활용한다.

울산

① **산업 환경 개선** 수소 모빌리티 클러스터를 구축하고 하늘자동차 특구를 지정하는 동시에 조선·해양 플랜트 산업 육성 및 국립 산업 기술 박물관을 건립한다. 자동차, 중공업, 정유 등 기존 산업의 틀에서 벗어나지 못하는 울산의 산업구조를 미래 신산업으로 체질을 바꾸기 위한 준비는 본격적으로 할 필요가 있다.

울산과학기술원(UNIST)에 의과학원을 설립하는 등 의료복합타운 건설을 추진하고 도심에 상급종합병원(제2 울산대병원) 건립을 검토하는 동시에 울산의료원 설립을 조속히 추진한다. 울산의 경제 규모에 걸맞은 의료체계 구축은 시민의 삶과 직결되는 만큼 꼭 필요하다고 본다.

② **교통 환경 개선** 울산공항을 업그레이드하고 도시철도(트램), 제2 명촌교를 건설한다. 또한, 울산권 광역철도(동남권 순환철도, 부울경 광역철도)를 조기 완공한다.

도시철도(트램)는 실현 가능성이 있을지 면밀한 검토가 필요한 사안인데 다른 지역의 상황을 보면 트램 이야기가 나온 지 몇년이 지났지만 제대로 추진되지 않는 경우가 많다. 부울경 광역철도는 막대한 예산과 사업 타당성 검사 등 넘어야 할 산이 많지만 제대로 추진된다면 부울경의 부동산 시장 판도를 바꿀 정도로 큰 영향을 줄 것으로 기대된다.

이 외에도 종합대학의 울산 이전, 캠퍼스 혁신 파크 조성 등으로 지방 대학교의 경쟁력을 확보한다. 점점 심해지고 있는 지방 대학교의 경쟁력 약화는 더 이상 내버려 둘 수 없는 현실적인 문제다. 지방에서 양질의 일자리가 창출되고 대학 경쟁력이 확보되어야 서울 집중화 문제를 해결하는 또 하나의 방법이 만들어졌다고 할 수 있다.

마지막으로 개발 제한 해제 총량을 확대해 그린벨트 해제율을 전국 평균 수준으로 상향 조정한다. 당연히 자연환경은 보존해야 하지만 이미 도시화가 상당 부분 진행된 도시 인근의 훼손된 그린벨트에 대한 합리적인 개선은 필요하다. 그린벨트 해제율에 따라 그동안 개발이 제한된 도시 주변 토지 시장에 큰 변화가 생길 수도 있을 것 같다.

경상남도

① 산업 환경 개선 신한울 3호기와 4호기 건설을 재개하고 차세대 소형원자로(SMR) 선점을 지원한다. 또한, 항공우주청 설립 및

서부 경남 항공우주 산업 클러스터 개발로 항공우주 산업을 국가 주력 사업으로 육성한다.

진해신항을 조기에 착공하고 조선업, 방위 산업을 지원하며 국가 R&D 실용화 단지를 추진해 미래형 모빌리티, 미래형 스마트 제조업으로 전환을 적극적으로 지원한다. 일자리 창출과 관련해서 디지털 문화콘텐츠(영상, 게임, 웹툰 등) 밸류 체인 구축 등 디지털 신산업 육성과 교육 인프라 확충에도 집중한다.

급변하는 산업 환경을 따라가지 못하고 기존 굴뚝 산업에 머물러 있는 현실을 시대 흐름에 따라 신산업으로 빠르게 전환할 수 있도록 지원하는 정책은 바람직하다. 새로운 양질의 일자리 창출이 지방 산업과 부동산 시장의 경쟁력을 매우 높여주기 때문이다.

② **교통 환경 개선** 남부내륙철도(김천~거제)를 조기 착공하고 가덕도 신공항까지 연장한다. 교통망 개선은 아무리 강조해도 지나침이 없다. 내륙철도와 더불어 부울경 광역급행철도가 본격 추진된다면 경남지역 경제와 주거 만족도까지 크게 상승할 수 있을 것이다.

이 외에도 국립 트라우마 치유복합단지, 서부경남 의료복지타운, 수산 자원 조성 복합센터 등 경남특화형 농식품 수출 가공 클러스터도 조성한다는 계획을 갖고 있다.

77

대구, 경북

#신공항 건설
#달빛내륙철도 건설
#경부선 고속철도 지하화

TK로 불리는 대구, 경북은 같은 경상도지만 부울경과는 또 다른 흐름을 보이는 지역이다. 윤석열 정부의 든든한 지지 기반이기도 한 TK에는 어떤 개발 공약과 부동산 정책이 기다리고 있는지 알아보자.

① **신공항 건설** 대구·경북 통합 신공항 건설을 조기에 진행한다는 계획이다. 가덕도 신공항 건설을 조기 추진한다면서 대구·경북 신공항도 조기에 한다는 것은 솔직히 국력 낭비라는 생각이 든다. 정치적인 이슈가 개입되면서 꼬여버린 상황이지만 정부, 여당, 야당 정치인 모두 표심이 아닌 국가 경쟁력과 예산 낭비를 막기 위해 지방 곳곳에 활용도가 떨어지는 지방 공항을 합쳐 통합 공항으

로 만들고 차라리 KTX 등으로 교통망을 촘촘하게 연결해주는 게 더 효과적이지 않을까 하는 생각을 지울 수가 없다. 공항을 개발하면 주변 땅값은 오르겠지만 투입 예산 대비 양질의 일자리 창출에는 큰 도움이 되지 않는다. 지금은 공항보다는 양질의 일자리 창출이 우선이다.

② **산업 환경 개선** 대구·경북 경제과학연구소를 설립하고, 신한울 3호기와 4호기 건설을 재개하며 SMR 특화 국가 산업단지 조성 및 그린 수소 플랫폼을 구축한다. 또한, 경주와 포항에 가속기 기반의 연계 첨단 연구 산업단지를 조성하고 경북 북부지역을 첨단 바이오 신약 개발과 세계적인 백신 산업 클러스터로 개발한다.

섬유·염색 산업단지를 첨단 산업단지로 전환하고 경북을 미래 친환경·자율주행 모빌리티 산업의 거점으로 만들며 차세대 소부장(소재, 부품, 장비) 산업을 지역 전략 산업으로 적극 육성한다. 농식품 수출을 위해 항공 특화단지 등이 포함된 경북 푸드 밸리도 조성한다.

빠르게 변하는 시대 흐름에 발맞춰 기존 굴뚝 산업의 체질을 개선해 양질의 일자리를 만드는 것은 매우 바람직하며 지방 인구의 유출을 막고 부동산 시장을 안정시키는데도 큰 도움이 된다.

③ **교통 환경 개선** 대구~광주 달빛내륙철도를 건설하고 경부선 고속철도의 대구 도심 구간을 지하화하며 통합 신공항과 연계된 광역철도, 고속도로를 구축한다. 앞에서도 말했듯이 교통망 개

선은 아무리 강조해도 지나침이 없다. 특히 도시 미관과 도심 단절 문제를 해결하기 위해서라도 필요한 경부선 고속철도 도심 구간의 지하화 사업은 빠르게 추진하면 좋겠다. 지하화를 한 후 생긴 지상의 유휴 부지는 공원, 도로, 청년주택 등 다양한 쓰임새로 활용할 수 있기 때문이다.

이 외에도 낙동강, 금호강에 친환경 명품 수변 문화 공간을 조성하고 대구시청과 옛 경북도청 후적지를 문화 산업 허브로 조성할 계획을 갖고 있다. 포항 영일만 대교도 건설하겠다고 한다.

14

광주 및 전라도, 강원도, 제주도

#광주 모빌리티 선도 도시
#전남 우주 산업
#전북 국제 자유 도시
#강원 경제 특별자치도
#강원 광역교통망
#제주 ICT 융복합 첨단 관광 도시

대통령의 지역 개발 공약에는 지역별 현안과 이슈가 반영된다. 물론 무조건 다 추진되는지는 않는다. 공약에 그칠 수도 있지만 그래도 공식화됐다는 점에서 긍정적인 효과는 분명 있다.

전라도의 부동산 시장을 이끌고 있는 광주를 비롯해 최근 개선된 교통 여건으로 날개를 달고 있는 강원도, 그리고 청정 도시 제주도까지 관련 개발 공약에 대해 알아보자.

광주, 전남, 전북

AI 중심 산업 융합 클러스터를 조성하고 자동차를 중심으로 인공지능 기반의 미래 신산업 개발에 집중해 광주를 미래 자동차 선도 도시로 만들겠다고 한다. 공공이 지원하고 민간이 투자하는 광주형 일자리가 자리를 잡자 이처럼 지역 주민들이 적극 협조하는 상생 경제 모델을 신사업과 연계해 더욱 확대하려는 움직임도 있다. 지방 경제 활성화와 양질의 일자리 창출은 무조건 부동산 시장에도 긍정적인 영향을 미친다.

전남은 우주 산업, 농촌·관광 도시로 육성하겠다고 한다. 나로우주센터를 중심으로 우주 발사체 핵심 기술 개발 및 관련 생태계를 조성해 우주 발사체 산업 클러스터를 조성한다. 농업 관광 중심의 스마트 팜 혁신단지를 조성해 인공지능에 기반한 기술 융복합 관광 인프라를 창출한다는 계획도 갖고 있다. 무(無)에서 유(有)로 새롭게 만들기보다 기존에 자리 잡고 있는 특성화된 산업을 기반으로 새로운 신기술과 융합해 인프라를 창조하는 모델은 매우 바람직하다.

전북의 경우 새만금을 국제 투자 진흥지구로 지정하고 개발해 세계 유수의 기업을 유치하고 동북아 경제 중심지로 집중적으로 육성할 계획이다.

강원도

앞으로의 강원도는 과거의 강원도가 아니다. 최근에 강원도의 교통망이 크게 개선되면서 주택 및 토지 시장이 어느 지방과 비교해도 절대 뒤처지지 않는다. 오히려 상승 폭이나 선호도 측면에서는 강원도 부동산이 매우 높아졌다. 그만큼 강원도가 달라지고 있다.

달라지고 있는 강원도에 강원 경제 특별자치도를 설치하고 지역 개발을 위한 규제 완화 특례 부여 및 정부 시책 사업을 우선 지원한다. 춘천과 원주를 정밀 의료 산업 및 디지털 헬스케어 메카로 조성하고 삼척을 액화수소 에너지 거점 도시로 육성하는 등 강원도 주요 도시가 신산업 도시로 거듭날 수 있도록 지원한다.

교통망 개선은 강원도의 날개다. 춘천~속초 고속철도와 강릉~속초~제진 동해북부선(동해선)을 조기 완공한다. 용문~홍천 광역철도, 삼척~강릉 고속화철도, 제2 경춘국도, 영월~삼척 고속도로 등 강원도 현안 교통망을 조기 착공할 계획이다. 이렇게 광역교통망이 완성되면 강원도의 경제뿐만 아니라 부동산 시장도 한층더 탄력을 받을 수 있을 것이다

이 외에도 평창올림픽 유산, 비무장지대 생태 자원을 활용해 관광 거점 도시 강릉을 중심으로 강원 전역을 동북아 관광 거점지로 육성하고 양양국제공항을 인바운드(외국인의 국내 여행) 시범 공항으로 지정하는 동시에 속초 국제 크루즈항 사업도 적극적으로 지원한다.

또한, 폐광지역 대체 산업 발굴 및 지원을 강화해 독일과 영

국처럼 폐광지역을 역사문화의 공간으로 재창조할 계획도 갖고 있다. 이렇게 되면 태백 등 폐광지역의 경제와 부동산은 제2의 전성기를 맞이할 수 있을 것이다.

제주도

청정 관광 도시인 제주에 제주관광청을 신설하고 제주 신항을 국제 크루즈 거점 항만으로 개발하고 인접 배후지를 상업·문화·관광 복합지구로 개발해 복합 해양관광 허브 항만 클러스터를 조성한다.

제주도에는 관광 산업이 당연히 중요하지만 코로나19 사태에서 보듯이 안정적인 내수 수요 기반도 중요한 만큼 양질의 일자리 창출이 그 어느 때보다 중요해졌다. 그래서 클라우드 데이터센터 구축, ICT(정보통신기술) 기업 유치를 통한 전문인력 양성 등을 추진해 ICT 융복합 첨단 관광 도시로까지 발전시키려고 한다.

이 외에도 도내에 쓰레기 자체 처리 시스템을 구축하고 전기차 배터리 신산업을 육성해 또 다른 양질의 일자리도 창출하겠다는 계획을 갖고 있다.

문재인 정부 5년의 부동산 시장

문재인 정부 5년, 오를 줄은 알았지만 이렇게 2~3배까지 오를 줄은 미처 예측하지 못했다. 2010~2012년 바닥을 찍고 회복세를 탄 부동산 시장은 2017년 문재인 정부 출범 이후 본격적인 상승세에 올라탔다.

저금리, 풍부한 유동성을 바탕으로 한번 불이 붙은 투자 심리는 문재인 정부의 30개 가까이 되는 부동산 규제 정책의 틈새를 찾아 풍선 효과를 타고 강남에서 마용성(마포, 용산, 성수), 마용성에서 강북, 서울에서 수도권, 지방으로 들불처럼 타올랐다.

새 정부에서 해결해야 할 숙제로 남은 문재인 정부의 부동산 대책, 규제들은 무엇인지 상세히 알아보도록 하자.

01

5년 부동산 정책 한눈에 보기

#문재인 정부 5년
#26번 부동산 대책
#규제 폭탄

문재인 정부 5년 동안 26번이 넘는 부동산 대책이 발표됐다. 대책을 발표할수록 집값 상승세는 서울에서 수도권과 지방으로 확산됐고 아파트에서 빌라, 오피스텔, 생활형 숙박시설로 풍선효과는 번져 나갔다. 마치 노무현 정부의 데자뷔(Deja vu)를 보는 듯했다.

노무현 전 대통령은 생전에 부동산만 아니면 꿀릴 것이 없다는 말을 했다. 부동산 투기와의 전쟁에서 패한 것이 뼈아픈 상처로 남아 있었기 때문이다. 이를 아는 문재인 정부 역시 독하게 부동산 규제의 채찍을 휘둘렀지만 결과는 패배였다.

다음 그림은 '문재인 정부 5년 동안의 서울 주택 매매 가격 지수'다. 2017년 8·2 대책, 2018년 9·13 대책, 2019년 12·16 대책, 2020년 7·10 대책, 2021년 2·4 대책 등 굵직한 대책을 발표한 이후 오히려 더 크게 상승했음을 알 수 있다.

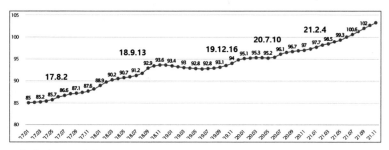

· 출처: 한국부동산원

지나치게 보수적인 시세 반영으로 시세를 제대로 반영하지 못한다는 비판을 받는 한국부동산원의 통계가 이 정도이니 시장 수요자들이 몸으로 느낀 집값 상승에 대한 실제 체감은 훨씬 더 컸다.

어떤 대책들이 나왔나?

2017년 5월 문재인 정부 출범 이후 26번이 넘는 부동산 대책이 발표됐다. 이 중에서 의미가 있는 굵직한 대책을 꼽아보자면 2017년 8·2 대책, 2018년 9·13 대책과 9·21 대책, 2019년 5·7 대책과 12·16 대책, 2020년 7·10 대책, 2021년 2·4 대책이다.

2012년에 바닥을 찍고 회복하고 있던 부동산 시장은 2016

년 이후 본격 상승세로 돌아섰다. 박근혜 정부는 2016년 11·3 대책을 통해 규제 강화로 부동산 정책을 전환했다. 그 후 일시적인 안정세를 보이던 서울 집값은 2017년 5월 문재인 정부 출범 이후 불확실성이 제거되면서 본격 상승세로 돌아섰다.

조정대상지역 추가, 전매 제한, 대출 규제, 재건축 규제 등을 담은 문재인 정부의 첫 부동산 대책인 6·19 대책이 발표됐지만 집값이 더 오르자 투기지역, 투기과열지구 지정 외에 다주택자 양도세 중과, 대출 규제 강화, 재건축 초과 이익 환수 부활, 청약 요건 강화 등 강한 규제를 대거 포함한 8·2 대책이 발표됐다. 규제 지역 부활, 다주택자 양도세 중과 등의 굵직한 한방이었지만 한 달 정도 숨고르기가 지난 후 강남을 중심으로 집값이 급등하기 시작했다. 어설픈 강남과 다주택자에 대한 규제가 똘똘한 1채와 풍선 효과라는 부작용을 낳았다. 강남은 더 오르고 마용성(마포, 용산, 성수)도 오르면서 서울 상승세가 본격화됐다.

2018년에는 박원순 전 서울시장의 마스터플랜(여의도, 용산개발 프로젝트) 발언으로 시장이 자극을 받으면서 동대문, 관악, 은평, 노원 등으로 집값 상승의 불이 붙었다. 종합부동산세 강화, 주택 임대사업자 혜택 축소, 대출 봉쇄를 담은 9·13 대책과 함께 3기 신도시 등 수도권 30만 호 공급계획을 담은 9·21 대책도 발표됐다. 드디어 공급 확대로 눈을 돌린 것이다. 12·9 대책을 통해 남양주 왕숙, 하남 교산, 과천 과천, 인천 계양 등 4곳의 3기 신도시가 확정됐다.

2019년에는 공시 가격 현실화, 종합부동산세 강화를 했고 5·7 대책을 통해 고양 창릉, 부천 대장 등 3기 신도시 추가 지정, 민간택지 분양가 상한제도 적용했다. 그런데도 집값의 상승 폭이 가팔라지자 15억 원 이상 주택에 대해 주택 담보 대출을 금지하는 내용을 담은 12·16 대책을 발표했다.

2020년 정부의 바람과 달리 불안한 실수요자들이 사자(Buy)로 돌아서면서 집값 상승은 수도권과 지방으로 더 확대됐다. 수도권 대부분이 규제지역으로 지정됐고 강남, 용산 일부 지역은 토지거래허가구역으로 지정됐다. 취득세, 종합부동산세, 양도세를 모두 강화한 7·10 대책과 임대차 3법 개정으로 임대인을 압박하고 공공 재개발 등 공급 확대 관련 대책도 연이어 발표했지만 인천 등 수도권 외곽과 대전, 울산, 원주, 청주 등 지방 중소도시 집값은 풍선 효과로 서울보다 더 많이 올라버렸다.

2021년 문재인 정부 임기 마지막 해에는 공급 부족을 해소하기 위해 '공공 주도 3080+(공공 직접 시행 정비 사업, 도심 공공주택 복합 사업)' 등으로 서울 30만 호, 전국 대도시 80만 호 이상을 공급하는 내용을 담은 2·4 대책과 광명 시흥 등 추가 신도시계획도 발표했다. 2021년 11월 이후 집값 상승세가 꺾이긴 했지만 5년 만에 2~3배 상승의 후유증을 남긴 집값 폭등의 후유증은 여전히 진행 중이다.

문재인 정부 주요 부동산 대책

발표 날짜	대책 주요 내용
2017년 6월 19일	**주택 시장의 안정적 관리를 위한 선별적 맞춤형 대응 방안** 조정대상지역 추가 지정(경기 광명, 부산 기장군 · 진구) 전매 제한 기간 강화(서울 전 지역 소유권 이전 등기 시까지 전매 제한) LTV, DTI 강화(조정대상지역 10%p 강화, 잔금 대출 DTI 적용 등) 재건축 규제 강화(재건축 조합원 주택 공급 수 3주택→2주택)
2017년 8월 2일	**실수요 보호와 단기 투기 수요 억제를 통한 주택 시장 안정화 방안** 투기지역(서울 11개 구, 세종), 투기과열지구(서울, 경기 과천, 세종) 지정 재건축 · 재개발 규제 정비(초과 이익 환수, 재당첨 제한 강화 등) 양도세 강화(다주택자 중과, 2년 거주 요건 추가) LTV, DTI 등 금융 규제 강화 다주택자 임대 등록 유도, 자금 조달계획 신고 의무화 실수요자를 위한 청약제도 등 정비(1순위 요건 강화, 가점제 확대 등)
2018년 9월 13일	**주택 시장 안정 대책** 종합부동산세 강화(세율 인상, 3주택과 조정대상지역 2주택 중과 등) 양도세 강화(일시적 2주택자 3년→2년) 임대사업자 혜택 축소(신규 취득 임대 등록 양도세 중과, 종부세 과세) 수도권 신규 공공택지 30곳 개발 종합부동산세 공정시장가액비율 강화
2018년 9월 21일	**수도권 주택 공급 확대 방안** 수도권 공공택지 30만 호(1차 17곳 3.5만 호 선정, 향후 26.5만 호 택지 확보) 도심 내 주택 공급 확대(도시 규제 정비 및 소규모 정비 활성화)
2018년 12월 19일	**2차 공공택지 발표 지역 7곳 토지거래허가구역 지정** 3기 신도시 4곳 확정(남양주 왕숙, 하남 교산, 과천 과천, 인천 계양)
2019년 5월 7일	**제3차 신규택지 추진계획** 수도권 주택 30만 호 공급 방안 3기 신도시(고양 창릉, 부천 대장)
2019년 11월 6일	**민간택지 분양가 상한제 지정** 서울 27개 동 지정 부산 3개 구, 고양, 남양주 일부 조정대상지역 해제

2019년 12월 16일	**주택 시장 안정화 방안** 투기과열지구 9억 원 초과 LTV 20%, 시가 15억 원 초과 LTV 금지 전세자금 대출 9억 원 초과 주택 또는 2주택 보유자 규제 종합부동산세율 강화, 조정대상지역 2주택 세 부담 상환 강화 공시 가격 현실화 장기 보유 특별 공제 거주 요건, 조정대상지역 일시적 2주택자 거주 및 기간 강화 양도세 2년 미만 단기 보유 세율 강화, 2020년 6월까지 중과 배제 등록 임대주택 양도세 비과세 거주 요건 2년 청약 불법 전매 제한 강화, 청약 당첨 요건 강화, 재당첨 제한 강화
2020년 5월 16일	**수도권 주택 공급 기반 강화** 서울 7만 호 추가 공급 정비 사업 활성화, 유휴 공간 활용, 유휴 부지 확보
2020년 6월 17일	**주택 시장 안정을 위한 관리 방안** 조정대상지역 지정(경기, 인천, 대전, 청주) 투기과열지구 지정(경기, 인천, 대전 17개 지역) 토지거래허가구역 지정 재건축 안전 진단 강화, 정비 사업 조합원 분양 요건 강화 주택 임대사업자 대출 규제, 법인 등 세제 규제
2020년 7월 10일	**주택 시장 안정 보완** 생애 최초 특별 공급 확대, 신혼부부 소득 기준 완화 취득세(최대 12%), 종합부동산세(최대 6%), 양도세(최대 72%) 강화
2020년 7월 30일	**주택임대차보호법 개정** 임대차 3법
2020년 8월 4일	**서울권역 등 수도권 주택 공급 확대 방안** 26.2만 호+α 추가 공급
2021년 2월 4일	**3080+ 대도시권 주택 공급 획기적 확대 방안** 서울 32만 호+5대 광역시 등 전국 대도시 83만 호 공급 도심 공공주택 복합 사업+공공 직접 시행 정비 사업 등
2021년 2월 21일	**대도시권 주택 공급 확대를 위한 신규 공공택지 추진** 광명 시흥, 부산 대저, 광주 산정 신도시 추가
2021년 8월 30일	**대도시권 주택 공급 확대를 위한 제3차 신규 공공택지 추진** 의왕, 군포, 안산, 화성 진안, 인천 구월, 화성 봉담3 등 신도시 추가

02

취득세 중과

#취득세 중과
#취득세 중과 주택 수
#2020년 7·10 대책

2020년 7·10 대책으로 주택에 대한 취득세가 중과됐다. 취득세는 양도 시 양도세 필요 경비에 인정되어 팔 때 공제받을 수 있지만 취득할 때 당장 내야 하는 돈인 만큼 부담스러운 것은 사실이다. 다음 페이지의 표에 주택 취득세를 정리했다.

무주택자가 주택을 취득해 1주택자가 되는 경우 새롭게 취득하는 1주택의 취득세율은 기존과 동일하게 1~3%가 적용된다. 조정대상지역에 있는 주택을 구입해 2주택자가 되면 취득세율은 8%, 3주택 이상이거나 법인의 경우에는 12%의 높은 중과세율이 적용된다. 취득가액이 10억 원인데 중과 대상이 되면 무려 1억 2,000만 원의 취득세를 내야 한다. 농어촌특별세와 지방교육세까

주택 취득세 중과세율 기준표

구분	조정대상지역	비조정대상지역	비고
1주택	1~3%	1~3%	6억 원 이하 1% 9억 원 초과 3%
2주택	8%	1~3%	일시적 2주택자 1~3%
3주택	12%	8%	·
4주택	12%	12%	·
법인	12%	12%	·

지 더해지면 부담은 더 늘어난다. 비조정대상지역의 경우 2주택까지는 1~3%의 기본세율이 적용되지만 3주택은 8%, 4주택 이상이거나 법인은 12%의 중과세율이 적용된다.

또한, 다주택자가 같은 세대 구성원에게 조정대상지역 내 공시 가격 3억 원 이상 주택을 증여할 경우 증여(취득)세는 중과세율 12%가 적용된다. 같은 세대가 아니더라도 만 30세 미만 자녀는 동일 세대로 간주되니 주의가 필요하다.

자, 그러면 취득 시 취득세 중과 주택 수에서 제외 유무가 중요한 절세 포인트가 될 수 있다. 다음 페이지 표의 주택, 조합원 입주권, 분양권, 오피스텔은 취득세 주택 수에서 제외 대상이 된다. 이 중에서 공시 가격 1억 원 이하 주택이나 오피스텔을 보유하고 있으면 취득세 주택 수에서 제외가 되는 것 정도는 알아 두는 게 좋다. 예를 들어, 공시 가격 9,000만 원 아파트 2채를 보유하고 있는 사람이 조정대상지역 1채를 구입한다면 3주택 12%가 적용되

1	다음의 어느 하나에 해당하는 주택 가. 주택 수 산정일 현재 해당 주택의 시가표준액이 1억 원 이하인 기준을 충족하는 주택 　단, 도시 및 주거 환경 정비법에 따른 정비구역으로 지정, 고시된 지역 또는 빈집 및 소규모주택 정비에 관한 특례법 사업 시행구역에 소재하는 주택은 제외한다. 나. 노인복지주택, 공공 지원 민간 임대주택, 가정 어린이집으로 운영하기 위해 취득하는 주택, 사원에 대한 임대용으로 직접 사용할 목적으로 취득하는 주택에 해당하는 주택으로서 주택 수 산정일 현재 해당 용도에 직접 사용하고 있는 주택 다. 국가 등록문화재에 해당하는 주택 라. 멸실을 시킬 목적으로 취득하는 주택(정당한 사유 없이 그 취득일로부터 3년이 경과할 때까지 해당 주택을 멸실 시키지 않은 경우는 제외)과 주택 시공자가 주택의 공사대금으로 취득한 미분양 주택(주택 취득일로부터 3년 이내의 기간으로 한정) 마. 법령이 정한 농어촌주택
2	주거용 건물 건설업을 영위하는 자가 신축해 보유하는 주택 다만, 자기 또는 임대계약 등 권원을 불문하고 타인이 거주한 기간이 1년 이상인 주택은 제외한다.
3	상속을 원인으로 취득한 주택, 조합원 입주권, 분양권, 오피스텔로서 상속 개시일로부터 5년이 지나지 않은 주택, 조합원 입주권, 분양권, 오피스텔
4	주택 수 산정일 현재 시가표준액이 1억 원 이하인 오피스텔

지 않고 1~3%의 취득세율이 적용된다.

　여기서 단서 조항도 꼼꼼히 챙겨야 한다. 재건축 및 재개발 정비 사업의 주택은 1억 원 이하여도 주택 수에 포함되어 중과 대상이 된다. 부연 설명을 더 하자면, 2020년 8월 12일 이후에 취득한 오피스텔 중에서 재산세 과세 대장 기준으로 주택이라면 그 주거용 오피스텔은 주택 수에 포함된다. 예를 들어, 2019년에 구입한 오피스텔이 1채 있는 상황에서 지금 주택을 구입하면 취득세 중과 대상이 되지는 않지만 2021년에 오피스텔 1채를 구입하고 지금 주택을 구입하면 취득세 중과 대상이 된다. 참고로, 취득세율 기준이 그렇다는 것이지 양도세 주택 수가 그렇다는 의미는 아니기에 주의한다.

배우자와 30세 미만 미혼자녀는 세대 분리를 해도 1세대로 간주된다. 30세 미만 미혼자녀라고 해도 미성년자가 아니고 경제활동을 해 소득이 있을 경우 그 소득이 국민기초생활보장법 제2조 제11호에 따른 기준 중위소득의 40% 이상이라면 분가 시 별도 세대로 인정해준다. 또한, 65세 이상의 직계존속(부모와 배우자 부모 포함)을 봉양하기 위해 동거를 해 같은 세대가 됐다면 각각 별도 세대로 간주된다.

부부가 공동명의라면 1개 주택으로 인정되지만 동일 세대가 아닌 관계로 지분을 소유한다면 각각 1주택 소유로 산정된다. 예를 들어, 공동명의 주택을 보유한 부부(남편 1/2, 아내1/2 지분)가 추가로 1주택을 구입하는 경우 공동명의 주택을 1주택으로 보고 2주택 기준이 적용되지만 남편 1/2, 시동생 1/2 지분의 주택이라면 남편, 시동생 각각 1주택으로 인정된다.

종합부동산세 강화

#종합부동산세
#종합부동산세 중과
#종합부동산세 합산 배제

2021년 12월에 종합부동산세 고지서를 받고 충격을 받은 사람이 많았다. 2020년에는 66만 7,000명이 1조 8,000억 원 정도의 종합부동산세를 냈는데 2021년에는 94만 7,000명이 5조 7,000억 원의 종합부동산세를 냈다. 예를 들어, 시가 25~30억 원 정도 고가주택을 2채 보유하고 있다면 2020년 2,700만 원 정도였던 종합부동산세가 2021년 7,300만 원으로 크게 올랐다.

정부는 전 국민의 2%가 종합부동산세 대상인 만큼 다수의 국민은 피해가 없고 대상자라고 해도 88% 정도가 2주택 이상이거나 법인인 만큼 1주택자의 세 부담 역시 크지 않다고 하지만 세 부담이 늘어난 것은 분명한 사실이다.

종합부동산세는 부유세 개념으로 고가 토지와 주택을 보유한 자에게 부과해서 지역 균형 발전과 자산 불평등 해소에 사용되는 의미가 있는 세금이다. 또한, 해외 선진국 대비 보유세 비중이 낮은 우리의 현실을 감안하면 보유세 인상에 대해 무조건 비판만 할 수는 없다. 하지만 단기간 과도한 상승으로 인해 지나친 부담을 주는 것은 바람직하지 않으며 보유세인 종합부동산세를 강화했다면 거래세인 취득세나 양도세는 완화해주는 것이 주택 거래 정상화를 위해 바람직하기에 개선은 필요해 보인다.

종합부동산세는 건물 외 토지(종합 합산, 별도 합산)와 고가주택에 대해 매년 6월 1일 기준으로 산정되고 12월에 납부해야 하는 세금이다. 주택의 경우 매년 6월 1일 기준으로 인(人)별 주택의 공시 가격을 합산한 금액에 6억 원(1세대 1주택 11억 원)을 공제하고 법령이 정한 공정시장가액비율을 곱한 금액을 과세표준으로 한 다음, 세율을 곱해 계산한다.

● 종합부동산세(주택) 계산 ●

구분	계산
종합부동산세	과세표준×종합부동산세율 - 누진공제
과세표준	(공시 가격 - 공제금액)×공정시장가액비율
공제금액	6억 원(1세대 1주택 11억 원)
공정시장가액비율	2022년 100%
세 부담 상한	전년 재산세 _ 종합부동산세 세액 150%(중과 300%)

문재인 정부에서는 종합부동산세액을 결정하는 공시 가격과 공정시장가액비율, 종합부동산세율, 세 부담 상한을 모두 올려 종합부동산세 부담을 크게 높였다.

　　공시 가격은 현실화라는 명분으로 시세 상승 폭보다 더 많이 오르고 있다. 과도한 세 부담을 줄이기 위해 도입된 공정시장가액비율은 원래 80%였지만 매년 5%p씩 올려 2022년에 100%가 됐다. 공시 가격이 바로 과세표준이 된 것이다. 세율도 더 많이 올라 2020년 0.5~2.7%이던 세율이 2021년에는 0.6~3.0%로 올랐고 중과 대상(3주택 이상+조정대상지역 2주택)은 1.2~6.0%까지 올랐다. 여기에다 전년 재산세와 종합부동산세 세액의 150%까지만 부과할 수 있는 세 부담 상한도 중과 대상이 되면 300%(3배)까지 올릴 수 있게 함으로써 종합부동산세는 폭탄이 됐다.

　　다주택자의 경우 당연히 부담이 커졌고 1주택 보유자도 정도의 차이지 부담이 늘어난 것은 사실이다. 고령 장기 보유 1주택자에 대해서는 최고 80% 공제를 해주기는 하지만 그래도 소득이 없는 은퇴세대가 느끼는 세 부담은 크다. 1주택자에 대한 세 부담 완화 개선 대책이 필요해 보인다.

　　종합부동산세 부담을 줄이기 위한 방법은 다음과 같다.

　　인별 과세 노무현 정부 때에는 합산 과세였다가 위헌 판결이 나면서 인별 과세가 됐다. '남편 1채, 아내 1채'일 경우 합산 과세로 하면 합산해 2주택으로 계산하는 것이고, 인별 과세로 하면 각 1채로 계산하는 것이다. 남편과 아내가 각각 5억 원짜리 주택(공시 가격 기준) 1채를 갖고 있다고 해보자. 합산 과세를 하면 공시 가격 10억 원이 되어 종합부동산세 과세 대상이 되지만 인별 과세를 하면 각각 5억 원이기에 종합부동산세 과세 대상이 되지 않는다. 공시 가격 6억 원까지는 공제가 되어서 종합부동산세 대상이 되지 않기 때문이다. 한 사람 명의로 여러 채를 보유하기보다 부부 또는 가족 간에 명의를 나누는 것이 종합부동산세 부담을 줄이기에는 유리하다.

여기서 주의해야 할 점이 있다. '1세대 1주택 11억 원 공제'는 배우자까지 모두 합산해 1주택이 되는 경우에만 해당된다. 남편 1채, 아내 1채를 보유하고 있으면 인별 과세가 되어 각각 6억 원 초과금액에 대해서 종합부동산세가 과세되는 것일 뿐, 1세대 1주택 11억 원 공제는 적용되지 않는다.

세액 공제 1세대 1주택자의 경우 공제금액이 6억 원이 아닌 12억 원으로 다주택자보다 세 부담이 적지만 그래도 수요자 입장에서는 부담스러운 게 사실이다. 그래서 1세대 1주택자 대상으로 연령별 10~30%, 보유 기간에 따라 20~50%의 세액 공제 혜택을 주고 있다.

합산 배제 종합부동산세 과세표준 계산 시 합산 대상에서 빼는 합산 배제 대상 주택이 있다. 주택 임대 사업 관련해 등록한 임대주택은 종합부동산세 합산 배제 혜택을 주었지만 규제를 강화하면서 2018년 3월 31일까지 등록한 임대주택에 대해서만 합산 배제를 해주고 있다.

① 건설 임대주택 요건
- 전용면적 149㎡ 이하 2호 이상 주택의 임대를 개시한 날 또는 최초로 합산 배제 신고를 한 연도의 과세 기준일 공시 가격 6억 원 이하
- 5년 이상 계속 임대, 임대보증금 연 증가율 5% 초과 안 됨

② 단기 매입 임대주택 요건
- 주택 임대를 개시한 날 또는 최초로 합산 배제 신고를 한 연도의 과세 기준일 공시 가격 6억 원(수도권 외 3억 원) 이하
- 5년 이상 계속 임대, 임대보증금 연 증가율 5% 초과 안 됨

③ 장기 매입 임대주택 요건
- 주택 임대를 개시한 날 또는 최초로 합산 배제 신고를 한 연도의 과세 기준일 공시 가격 6억 원(수도권 외 3억 원) 이하
- 8년 이상 계속 임대, 임대보증금 연 증가율 5% 초과 안 됨

임대 사업용 주택 외 기숙사, 종업원에게 무상이나 저가로 제공하는 사용자 소유의 주택(국민주택 규모 이하 또는 공시 가격 3억 원 이하 주택), 노인복지주택, 미분양주택, 가정 어린이집으로 5년 이상 사용하는 주택, 등록문화재주택 등도 합산 배제 대상이 된다.

04 ───────────── 세금 규제 ③

양도세 비과세

#1세대 1주택 양도세 비과세
#일시적 2주택자 양도세 비과세

1세대 1주택 양도세 비과세

1세대 1주택 보유자에게는 양도세 비과세 혜택을 주는데 다 비과세 혜택을 주지는 않는다. 2년 이상 보유를 해야 한다. 여기에다 2017년 8·2 대책으로 인해 2017년 8월 2일 이후 취득한 조정대상지역 내 주택의 경우에는 2년 거주 요건도 추가됐다. 2017년 8월 2일 이전에 구입한 주택의 경우에는 2년 거주는 필요 없고 2년 이상 보유만 하면 양도세 비과세를 받을 수 있다.

여기서 주의해야 할 점이 있다. 취득일 기준으로 조정대상지역 내 주택을 구입하면 '2년 이상 보유+2년 이상 거주'를 해야 양도세 비과세를 받을 수 있는데 양도 시점에 조정대상지역이 해제되더라도 2년 거주 요건은 채워야 한다. 또한, 조정대상지역 다주택자가 2021년 이후 주택을 처분한 뒤 1주택이 되었다면 지금까지 보유한 기간은 인정되지 않고 1주택이 된 시점부터 2년 보유 기간이 기산된다.

───────────● 1세대 1주택 양도세 비과세 요건 ●───────────

구분	취득 시기	보유 기간	거주 기간
비조정대상지역	.	2년 이상	필요 없음
조정대상지역	2017년 8월 2일까지	2년 이상	필요 없음
	2017년 8월 3일 이후	2년 이상	2년 이상

일시적 2주택자 양도세 비과세 특례

국내에 1주택을 소유한 1세대가 그 주택을 양도하기 전에 신규 주택을 취득해 일시적 2주택자가 된 경우 다음의 요건을 충족하면 양도세 비과세 특례를 적용받을 수 있다.

① 종전 주택을 취득한 날로부터 1년 이후에 신규 주택을 취득할 것
② 신규 주택을 취득한 날로부터 3년 이내에 종전 주택을 양도할 것(단, 조정대상지역의 경우 취득 기간에 따라 2년 또는 1년

이 적용됨)

③ 종전 주택이 양도일 현재 1세대 1주택 양도세 비과세 요건
   을 갖출 것

일시적 2주택자의 보유 기간에 대해 상세히 알아보자.

2018년 9·13 대책에 따라 2018년 9월 13일 이전 조정대
상지역 내 일시적 2주택자에게는 3년의 허용 기간이 적용되지만
2018년 9월 14일 이후 조정대상지역 내 일시적 2주택자에게는 2
년으로 허용 기간이 강화됐다. 또한, 2019년 12·16 대책에 따라
2019년 12월 17일 이후 조정대상지역 내 일시적 2주택자는 신규
주택 취득일로부터 1년 안에 해당 주택으로 전입하고, 1년 안에 종
전 주택을 양도하는 경우에만 양도세 비과세가 가능하다. 단, 신규
주택에 기존 임차인이 있으면 전입 의무 기간은 임대차 계약 종료
시(최대 2년)까지로 연장된다.

이렇듯 조정대상지역 내 주택을 12월 17일 이후 취득했느
냐가 매우 중요한 포인트다. 2019년 12월 16일 이전에 주택뿐만
아니라 주택을 취득할 수 있는 권리(분양권, 조합원 입주권)를 취득
하거나 매매 계약 체결을 하고 계약금 지급을 한 경우에도 종전 규
정이 적용된다.

여기서 '조정대상지역 내 일시적 2주택자'라고 하면, 신규
주택 취득 당시 신규 주택뿐만 아니라 종전 주택도 조정대상지역

신규 주택 취득 시기	조정대상지역		허용 기간
	종전 주택	신규 주택	
2018년 9월 13일 이전	·	·	3년
2018년 9월 14일 이후	비조정대상지역	비조정대상지역	3년
	비조정대상지역	조정대상지역	
	조정대상지역	비조정대상지역	
	조정대상지역	**조정대상지역**	2년
2019년 12월 17일 이후	비조정대상지역	비조정대상지역	3년
	비조정대상지역	조정대상지역	
	조정대상지역	비조정대상지역	
	조정대상지역	**조정대상지역**	1년

내에 있어야 해당된다. 비조정대상지역에 1주택이 있는 사람이
2022년 3월에 조정대상지역 내 주택을 취득하면 일시적 2주택자
허용 기간은 1년이 아닌 3년이 적용된다.

05

양도세 중과

#양도세 중과
#양도세 중과 주택 수

2017년 8·2 대책에서 다주택자 양도세 중과 규정이 생겼다. 조정대상지역 내 다주택을 양도해 중과 대상이 되면 일반세율 6~45%에 20%p가 가산되어 26~65%가, 3주택 이상이면 30%p가 중과되어 36~75%의 중과세율이 적용된다. 지방소득세까지 포함하면 3주택 이상일 때 최고 82.5%의 징벌적 세율이 적용되니 주의가 필요하다.

더군다나 중과 대상이 되면 장기 보유 특별 공제도 적용받을 수 없는 만큼 양도세 중과 대상에 포함되지 않도록 해야 한다.

구분	과세표준 기준	일반세율	중과세율	
			2주택	3주택 이상
일반세율	1,200만 원 이하	6%	+20%p	+30%p
	4,600만 원 이하	15%		
	8,800만 원 이하	24%		
	1억 5,000만 원 이하	35%		
	3억 원 이하	38%		
	5억 원 이하	40%		
	10억 원 이하	42%		
	10억 원 초과	45%		

양도세 중과 주택 수
포함 여부 확인법

수도권, 광역시, 특별자치시 외 지역에 있는 3억 원 이하 조정대상지역 내 주택은 양도세 중과 주택 수에도 포함되고 팔 때 중과 대상도 된다.

조정대상지역이 아닌 지역이라도 다음 페이지 표에서 보듯이 서울, 경기(읍·면 제외), 인천(군 제외), 광역시[군 제외, 세종(읍·면 제외)] 주택과 지방 및 경기 읍, 면, 광역시 군 지역 공시 가격 3억 원 초과 주택은 양도세 중과 대상이 되지 않지만 보유 중인 조정대

구분	지역
양도세 중과 대상	조정대상지역
양도세 중과 주택 수 포함	서울, 경기(읍·면 제외), 인천(군 제외), 광역시[군 제외, 세종(읍·면 제외)] 주택, 지방과 경기 및 세종(읍·면), 광역시(군) 공시 가격 3억 원 초과 주택
양도세 중과 주택 수 미포함	지방과 경기 및 세종(읍·면), 광역시(군) 공시 가격 3억 원 이하 주택

상지역 내 주택을 팔 때에 중과 대상으로 만들어버린다. 반면, 지방 및 경기 읍, 면, 광역시(군) 지역 공시 가격 3억 원 이하 주택은 중과 대상이 되지 않는 것은 당연하고 보유 중인 조정대상지역 내 주택에도 영향을 미치지 않는다. 예를 들어, 전라남도 해남에 공시 가격 3억 원 이하 주택이 2채 있고 서울에 1채가 있다고 해보자. 서울 주택을 팔 때 해남 주택은 중과 주택 수에 포함되지 않아 양도세 일반세율 6~45%가 적용된다. 그런데 해남 주택이 공시 가격 3억 원을 넘으면 중과 주택 수에 포함되어 서울 주택을 팔 때 3주택 중과세율 36~75%가 적용된다.

내가 보유한 주택이 조정대상지역에 포함되는지 여부와 함께 서울, 경기, 광역시 소재인지 읍, 면, 군 지역이거나 지방에 있는데 3억 원을 초과하는지가 중요한 체크 포인트가 된다.

입주권·분양권 재건축 및 재개발 정비 사업 입주권 역시 양도세 주택 수에 포함되지만 팔 때는 중과가 되지 않는다. 분양권은 2021년 이후 양도분부터 양도세 중과 주택 수에 포함된다. 단,

규제지역 보유 기간 양도세율

구분		주택, 입주권	분양권
보유 기간	1년 미만	70%	70%
	2년 미만	60%	60%
	2년 이상	기본세율	60%

2021년 이후 입주자 모집공고가 나온 주택의 분양권이 대상이다.

임대 사업용 주택 임대 사업용 주택도 양도세 중과를 피할 수 있다. 양도세 중과를 피하기 위해 다주택자가 임대 사업자 등록을 많이 했다. 그런데 임대 사업용 주택이라고 무조건 양도세 중과를 피하는 것은 아니다.

조정대상지역 다주택자가 8년 장기 임대 사업용 주택을 양도할 때 임대 개시일 기준으로 기준시가 수도권 6억 원(비수도권 3억 원) 이하, 전용면적 수도권 85㎡(비수도권 100㎡) 이하면 양도세 중과가 되지 않는다. 단, 2018년 9·13 대책 발표 이후 1주택 이상 보유자가 조정대상지역 내 주택을 새로 취득해 임대 사업 등록을 하면 양도세 중과 대상이 된다. 2018년 9·13 대책 발표 전에 매매 계약 체결 및 계약금을 지불한 경우에는 종전 규정이 적용되어 중과 대상에서 빠질 수는 있다.

여기서 많은 사람이 헷갈려 하는 부분이 있다. 임대 사업용 주택이 주택 수에서 완전히 빠진다고 생각하는데 그렇지 않다. 의무 보유 기간을 다 채우고 팔아야 양도세 중과 배제가 적용되는 것이지 임대 사업용 주택으로 등록한다고 해서 또 다른 조정대상지역 내 주택을 팔 때 중과 주택 수가 줄어드는 것은 아니다. 예를 들어, 임대 사업용 주택이 1채 있고 조정대상지역에 2채를 보유하고 있다가 1채를 팔면 3주택 중과 대상이 된다.

그 외 저당권 실행으로 취득한 주택(경매), 문화재주택, 장기사원용주택, 미분양주택, 상속주택(5년 경과되면 해당 안 됨) 등도 중과 예외가 된다. 또한, 다음의 사유에 해당되면 역시 중과 대상에서 제외된다.

① 근무상 사유로 다른 시·군으로 이사해 2주택이 된 경우(취득 당시 기준시가 3억 원 이하+취득 후 1년 이상 거주+사유 해소 후 3년 이내 양도)

② 세대 합가로 2주택이 된 경우(합가일로부터 10년 이내)

③ 혼인으로 2주택이 된 경우(혼인한 날로부터 5년 이내)

④ 소송 결과로 취득한 주택(판결 확정일로부터 3년 이내)

⑤ 일시적 2주택(다른 주택 취득일로부터 3년 이내, 조정대상지역은 2년 또는 1년 이내)

06

대출 규제 DSR

#대출 규제
#DSR
#DTI
#LTV

조정대상지역, 투기과열지구를 지정하면서 LTV(담보대출인정비율), DTI(총부채상환비율)를 통한 대출 규제를 강화했는데도 집값이 잡히지 않자 DSR(총부채원리금상환비율)을 단계별로 시행했다.

2021년 10월 26일 금융위원회에서 발표한 가계 부채 관리 강화 대책에 따라 2021년까지는 규제지역 6억 원 초과 주택에 대해 DSR 1단계가 적용됐지만 2022년 1월부터 총대출액 2억 원 초과 시 DSR 40%가 적용되는 2단계가 시행됐고 2021년 7월부터는 3단계로 총대출액 1억 원으로 더 강화가 된다. 연간 원리금 상환액이 연소득의 40%를 넘지 않아야 한다는 것은 갚을 수 있는 만큼만 빌려주겠다는 의미다.

예를 들어, 연소득 5,000만 원, 신용 대출(마이너스 통장) 5,000만 원인 사람이 규제지역 6억 원의 아파트를 구입한다고 해보자. 2021년까지는 LTV 40%인 2억 4,000만 원까지 대출이 가능했지만 2021년부터는 1억 5,000만 원만 가능해져 9,000만 원이 줄어들게 된다.

━━━━━━━━━━● 차주 단위 DSR 적용 대상 ●━━━━━━━━━

구분	2021년 7월 전	1단계 (2021년 7월)	2단계 (2022년 1월)	3단계 (2022년 7월)
주택 담보 대출	규제지역 9억 원 초과 주택	① 규제지역 6억 원 초과 주택	총대출액 2억 원 초과 ①+② 유지	총대출액 1억 원 초과 ①+② 유지
신용 대출	연소득 8천만 원 +1억 원 초과	② 1억 원 초과		

DSR과 DTI를 헷갈려 하는 사람이 많다. 연소득 대비 대출 상환비율로 대출금액을 정하는 것은 비슷하다. 그런데 DTI는 모든 주택 담보 대출의 원리금(원금+이자)과 기타 대출(신용 등)의 이자 상환액으로 계산하는 것이고, DSR은 '모든 주택 담보 대출+기타 대출의 원리금(원금+이자)'을 다 포함해서 계산하는 것이다. 즉, DTI는 기타 대출의 이자만 계산하고, DSR은 기타 대출의 이자에 원금까지 포함해 계산하기 때문에 대출 한도가 더 줄어든다.

$$DTI = \frac{\text{모든 대출 원리금} + \text{기타 대출 이자}}{\text{연소득}}$$

$$DSR = \frac{\text{모든 대출 원리금} + \text{기타 대출 원리금}}{\text{연소득}}$$

모든 대출이라고 했지만 DSR에 포함되지 않는 대출도 있다. 전세 대출과 집단 담보 대출은 DSR에 포함되지 않는다. 2019년에 청약 당첨이 되어서 2022년에 입주하면서 잔금 대출을 받아야 한다면 DSR에 포함되지 않는다. 단, 2022년 이후 입주자 모집공고가 나오는 아파트의 잔금 대출은 DSR 대상이 된다.

주택금융공사의 보금자리론(LTV 60%)은 기존 신용 대출을 갚는 상황에서 신규로 받을 때 DSR이 반영되지 않는다. 하지만 보금자리론 대상이 연소득 7,000만 원 이하, 신혼부부 연소득 8,500만 원 이하여야 가능하며 이미 보금자리론을 받은 사람이 신규로 신용 대출을 받으면 DSR이 반영되니 주의가 필요하다.

금융당국의 대출 정책이 상황에 따라 언제든지 변경될 수 있으므로 항상 대출 정책의 변화를 예의주시하면서 자금계획을 세우는 것이 좋겠다.

07

임대차 3법

#임대차 3법
#계약 갱신 청구권
#전월세 상한제
#전월세 신고제

2020년 7월 31일 주택임대차보호법이 개정되면서 주택 임대차 계약의 최단 존속 기간 2년에 2년을 더해 총 4년을 거주할 수 있는 권리가 임차인(세입자)에게 생겼다. 바로 계약 갱신 청구권(요구권)이다.

상가임대차보호법에만 있던 계약 갱신 청구권이 주택임대차보호법에도 도입되면서 2년 거주 후에 계약 갱신 청구를 하면 1회에 한해 2년 더 거주할 수 있다. 또한, 소급 적용까지 허용되면서 이미 전세나 월세 계약을 하고 임대로 거주하고 있는 임차인도 2년 더 거주할 수 있게 됐다. 그러다 보니 "나가기로 합의해놓고 갑자기 연장해달라면 어떻게 하냐?", "전세금 이미 올려 받았는데 이제 와서 5% 초과된 부분 반환해달라고?" 등 집주인과 세입자 간 분쟁이 늘어났다. 임대인이 거주하면 세입자의 계약 갱신 요구를 거절할 수 있다는 조건을 내세워 거부하는 사례도 늘어나면서 임대차 시장은 극심한 혼란을 겪었다.

계약 갱신 청구권뿐만 아니라 임대료 인상을 5% 이내로 제한하는 전월세 상한제도 같이 시행됐다. 임대차 계약을 체결한 뒤 30일 이내에 지방자치단체에 신고 의무가 부과되는 전월세 신고제는 시스템 준비 기간 때문에 1년 늦어진 2021년 6월에 시행됐다. 전월세 신고제는 수도권과 광역시, 세종시, 지방시에서 전세금 6,000만 원 이상, 월세 30만 원 이상이 신고 대상이다.

● 임대차 3법 ●

구분	내용
① 계약 갱신 청구권	2년 거주 후 1회에 한해 2년 더 거주할 수 있는 권리
② 전월세 상한제	계약 갱신 시 5% 이내 인상
③ 전월세 신고제	전세, 월세 임대차 계약 시 신고 의무 부과

많은 분쟁이 생기는 계약 갱신 청구권과 전월세 상한제에 대해 좀 더 자세히 말하겠다.

최초 임대차 계약을 임대차보호법 제6조(계약 갱신 청구권 등)에 의거해 체결하거나 갱신된 계약이 끝나기 6개월 전부터 2개월 전까지(2020년 12월 10일 이전 계약은 1개월) 계약 갱신을 요구하는 경우 정당한 사유 없이 임대인은 거절하지 못한다.

　　계약 갱신 청구권은 1회에 한해 행사할 수 있으며 갱신되는 임대차의 존속 기간은 2년으로 보고 전 임대차와 동일한 조건으로 다시 계약된 것으로 본다. 갱신될 때 임대료 인상은 임대차보호법 제7조(차임 등의 증감 청구권)에 의거해 5%(20분의 1) 이내로 해야 하고 약정한 차임이나 보증금 증액이 있는 후 1년 이내에는 증액 청구를 하지 못한다.

임대인의 부당한 갱신 거절에 대한 손해 배상 청구

　　임대인(집주인)이 거주하겠다면서 세입자의 갱신 요구를 거절해놓고 다른 세입자를 구하면 손해 배상 청구가 가능하다. 손해 배상액은 합의가 이뤄지지 않을 경우 다음의 금액 중 큰 금액으로 한다.

- 갱신 거절 당시 월차임의 3개월분에 해당하는 금액
- 임대인이 제3자에게 임대해 얻은 환산 월차임과 갱신 거절 당시 환산 월차임 간 차액의 2년분에 해당하는 금액
- 제1항 제8호의 사유(임대인이 임대주택에 실제 거주하려는 경

우)로 인한 갱신 거절로 인해 임차인이 입은 손해액

"도대체 무슨 말이야?"

이 정도 되면 해석을 못해서 못하겠다는 말이 나올 법하다. 예를 들어 설명하겠다. 월세가 50만 원이라면 3개월분은 150만 원이 된다. 집주인이 월세를 50만 원에서 100만 원으로 올려 다른 세입자를 구했다면 월차임 차액이 50만 원이 되고 이 50만 원의 2년분(24개월)인 1,200만 원과 3개월분인 150만 원 중 큰 금액인 1,200만 원이 손해 배상액이 된다. 물론 갱신 거절로 인해 임차인이 입은 손해액이나 서로 합의한 부분이 있다면 달라질 수 있는데 어찌 되었건 손해 배상 자체가 생소하기도 하고 어려운 일인 만큼 실효성은 높지 않다.

임대인이 계약 갱신 청구권을 거절할 수 있는 사유

① 임차인이 2기의 차임액에 해당하는 금액에 이르도록 차임을 연체한 사실이 있는 경우 여기서 '2기'는 '월세 2번'이라고 생각하면 된다. 월세 2번 이상에 해당하는 금액이 연체됐다면 임대인(집주인)은 거절할 수 있다는 말이다. 예를 들어, 월세가 100만 원인데 1월에 100만 원 미납, 2월에 100만 원 납입, 3월에 다시 100만 원 미납

이라면 총 200만 원, 2기의 차임 연체에 해당된다. 그래서 임차인은 2기 이상 차임이 연체되지 않도록 특별히 신경을 써야 한다.

② 임차인이 거짓이나 그 밖의 부정한 방법으로 임차한 경우

③ 서로 합의해 임대인이 임차인에게 상당한 보상을 제공한 경우

④ 임차인이 임대인의 동의 없이 목적 주택의 전부 또는 일부를 전대(轉貸)한 경우 '전대'라는 용어가 익숙하지 않을 수 있다. (예를 들어) 전세금 5억 원을 낸 세입자가 집주인의 동의를 받지 않고 다른 세입자를 구해 월세 100만 원을 받으면서 자신의 전셋집에 살게 해줬다면 집주인이 계약 갱신을 거절할 수 있다는 말이다.

⑤ 임차인이 임차한 주택의 전부 또는 일부를 고의나 중대한 과실로 파손한 경우 '중대한 과실'이 좀 애매할 수는 있다. 바닥이나 벽지 흠집 정도로는 거절할 수 없고 벽면에 금이 가는 정도의 파손을 해야 거절 사유가 될 수 있다.

⑥ 임차한 주택의 전부 또는 일부가 멸실(滅失)되어 임대차의 목적을 달성하지 못할 경우

⑦ 임대인이 철거 등 사유로 해당 주택의 전부 또는 대부분을 철거하거나 재건축하기 위해 해당 주택의 점유를 회복할 필요가 있는 경우 임대차 계약 당시 재건축계획을 고지했고 이후 재건축이 진행된 경우나 도정법, 도시개발법 등에 따라 철거가 되면 계약 거절이 가능하다. 집이 부서지는데 죽기를 각오하고 계속 살겠다고 우기는 세입자까지 보호해주지는 않는다.

⑧ **임대인(임대인의 직계존속, 직계비속을 포함)이 해당 주택에 실제 거주하려는 경우** 많은 논란과 분쟁이 발생하고 있는 조항인데 집주인이나 집주인의 자녀나 부모가 거주하겠다고 하면 계약 갱신을 거절할 수 있다. 실제 거주하지 않으면서 거주하겠다고 거절한다면 세입자가 집주인이 실제 거주하는지를 확인할 수 있도록 하고 손해 배상을 청구할 수도 있게 해줬다. 하지만 현실적으로 세입자 대부분은 당장 먹고 살기도 바쁜데 집주인이 실제 거주하는지 확인하고 손해 배상 청구까지 하기에는 어려울 것 같다.

⑨ **그 밖에 임차인이 임차인 의무를 현저히 위반하거나 임대차를 계속하기 어려운 중대한 사유가 있는 경우**

08

핀셋 규제

#핀셋 규제
#조정대상지역
#투기과열지구
#풍선 효과

'핀셋 규제'는 과열지역을 조정대상지역, 투기과열지구, 투기지역으로 지정한 다음, 대출 규제와 함께 취득세, 종합부동산세, 양도세의 중과, 장기 보유 특별 공제 배제 등으로 세금을 무겁게 부과해 구매 능력을 약화하게 만드는 동시에 주택 청약과 관련해서는 분양권 전매 제한, 재당첨 제한, 자금조달계획서 신고 의무화까지 적용시키는 규제 정책이다.

2017년 8·2 대책으로 투기과열지구를 지정하면서 시작된 핀셋 규제는 2021년까지 규제지역을 늘려 나갔다. 세금과 대출 규제는 앞에서 살펴본 만큼 청약 전매 제한 등의 내용을 좀 더 알아보도록 하자.

투기과열지구에서는 주택 분양권 전매 제한이 소유권 이전 등기 시까지 최대 5년이, 조정대상지역에서는 최대 3년이 적용된다. 또한, 청약 재당첨 제한이 투기과열지구와 분양가 상한제지역에서는 당첨 10년, 조정대상지역에서는 당첨 7년으로 강화됐으며 공급 질서 교란, 불법 전매 시 10년 동안 청약이 금지된다.

자금조달계획서 신고도 의무화됐다. 자금 조달계획에 의심이 가면 언제든지 세무 조사를 하겠다는 의미이며 실거래 신고를 하면서 자금조달계획서까지 제출하는 것은 생각보다 부담스러운 규제라고 할 수 있다. 투기과열지구의 경우라면 증빙 서류도 제출해야 하기에 여간 신경 쓰이는 일이 아니다.

이런 핀셋 규제로도 강남 집값이 잡히지 않자 용산과 강남 일부 지역을 토지거래허가구역으로 묶어 거주 목적이 아니라면 허가를 해주지 않는 강도 높은 규제까지 발표했다. 하지만 강남 집값을 잡지는 못했다.

● 규제지역 지정 효과 ●

구분	투기과열지구	조정대상지역
금융	• 2주택 이상 보유 세대는 주택 신규 구입을 위한 주택 담보 대출 금지(LTV 0%) • 주택 구입 시 실거주 목적 제외 주택 담보 대출 금지 (예외) 무주택 세대가 구입 후 6개월 내 전입 1주택 세대가 기존 주택 6개월 내 처분 및 전입 시	

구분	투기과열지구	조정대상지역
금융	• LTV 9억 이하 40%, 9억 초과 20%, 15억 초과 0% - (서민·실수요자 우대) 최대 4억 한도, 6억 이하 60%, 6~9억 이하 50% • DTI 40% - (서민·실수요자) 20%p 우대	• LTV 9억 이하 50%, 9억 초과 30% - (서민·실수요자 우대) 최대 4억 한도, 5억 이하 70%, 5~8억 이하 60% • DTI 50% - (서민·실수요자) 10%p 우대
	• 주택 매매업·임대업 이외 업종 사업자의 주택 구입 목적의 주택 담보 기업 자금 대출 신규 취급 금지	
	• 민간 임대 매입(신규) 기금 융자 중단	
세제 정비 사업	• 재건축 조합원 지위 양도 제한 - 조합 설립 인가~소유권 이전 등기 • 재개발 조합원 지위 양도 제한 - 관리 처분계획 인가~소유권 이전 등기 • 정비 사업 분양 재당첨 제한 • 재건축 사업 주택 공급 수 제한 - 1인이 여러 채를 소유한 경우에도 1주택만 공급	• 다주택자 양도세 중과·장특공 배제 - 2주택 +20%p, 3주택 +30%p (분양권도 주택 수 포함) • 2주택 이상 보유자 종부세 추가 과세 - 0.6~2.8%p 추가 과세 • 2주택 이상 보유자 보유세 세 부담 상한 상향 - 2주택자(300%), 3주택자(300%) • 일시적 2주택자의 종전 주택 양도 기간 - 1년 이내 신규 주택 전입 및 1년 이내 양도 • 분양권 전매 시 양도세율 60%(1년 미만 70%) • 1주택 이상 소유자 신규 취·등록 임대주택 세제 혜택 축소 - 양도세 중과, 종부세 합산 과세 • 재건축 사업 주택 공급 수 제한 - 1인이 여러 채를 소유한 경우에도 1주택만 공급
전매 제한	• 주택·분양권 전매 제한 - 소유권 이전 등기(최대 5년) - 분양가 상한제 적용 주택 전매 제한 기간 강화	• 분양권 전매 제한 - 소유권 이전 등기(최대 3년)
기타	• 주택 취득 시 자금조달계획서 신고 의무화 - 기존 주택 보유 현황, 현금 증여 등(투기과열지구의 경우 증빙 자료 제출)	

• 주: 2021년 12월 31일 기준

121

3기 신도시 등 공공택지 개발

#3기 신도시
#공공택지 주택 공급

문재인 정부는 2018년 8·27 대책을 통해 3기 신도시계획을 발표한 이후 수요 억제 정책뿐만 아니라 공급 확대 정책도 병행해 추진했다. 특히 주택 과열 문제가 심각한 서울 및 수도권에 공급 물량을 집중했다.

2020년 9·9 대책에서는 수도권 공공택지와 정비 사업을 통해 총 123만 호(공공택지 84만 5,000호, 정비 사업 38만 6,000호) 공급계획을 발표했다. 수도권 공공택지 물량 84만 5,000호의 44%인 37만 호를 2022년까지 공급하겠다고 했다.

역대 정부에서도 100만 호 건설 등 대규모 공급계획이 발표됐다. 하지만 입주까지 긴 시간이 소요됐고 계획 물량을 다 채우지도 못했으므로 문재인 정부의 123만 호 공급계획도 낭만적으로 보기는 어려울 것 같다.

문재인 정부의 주택 공급 핵심은 3기 신도시다. 3기 신도시는 (2018년 12월 19일에 발표된) 4곳(과천 과천, 남양주 왕숙, 하남 교

3기 신도시

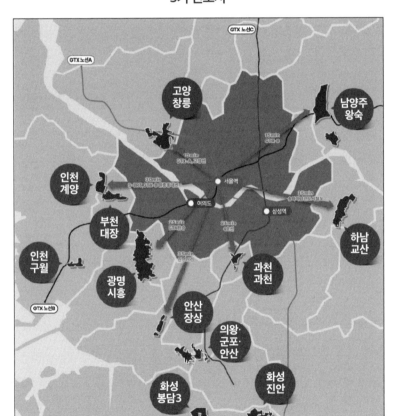

• 출처: '3기 신도시' 홈페이지

산, 인천 계양), (2019년 5월 7일에 발표된) 2곳(고양 창릉, 부천 대장), (2021년 2월 24일에 발표된) 1곳(광명 시흥), 이렇게 총 7개 지구에 체계적인 도시 개발을 통해 25만 호가 되는 엄청난 신도시의 새 아파트가 공급될 계획이다(과천 규모가 작아 6개 지구로 보기도 한다). 과거 1기 신도시, 2기 신도시 사례에서 보듯이 신도시가 실패한 적이 없었고 사전 청약 등 이미 사업이 추진되고 있는 3기 신도시 7곳은 윤석열 정부에서도 일관성 있게 추진될 것이므로 관심을 가지는 것이 좋겠다.

━━━━━━━━━━━━━● 3기 신도시 개요 ●━━━━━━━━━━━━━

구분	과천 과천	남양주 왕숙	하남 교산	인천 계양	고양 창릉	부천 대장	광명 시흥
면적(㎡)	155만	1,134만	649만	335만	813만	343만	1,271만
호(세대)	7천	6만 6천	3만 2천	1만 7천	3만 8천	2만	7만

그래도 불안했는지 2020년 8·4 대책에서 서울 태릉CC(골프장)와 용산 캠프킴 부지를 포함한 13만 2,000호 공급계획을 발표했다. 신규택지 발굴을 통해 3만 3,000호, 3기 신도시 등 용적률 상향으로 2만 4,000호, 정비 사업 공공성 강화로 7만 호, 규제 완화를 통한 도심 공급 확대로 5,000호를 공급해서 총 13만 2,000호를 공급한다. 또한, 2021년 8·30 대책에서 수도권 내 추가 신도시 12만 호와 대전, 세종 2만 호 공급계획도 발표했다.

구분	의왕·군포·안산	화성 진안	인천 구월	화성 봉담3	남양주 진건	양주 장흥	구리 교문
면적(㎡)	1,134만	649만	335만	155만	813만	343만	1,271만
호(세대)	4만 1천	2만 9천	1만 8천	1만 7천	7천	6천	9천

이 외에도 2020년 11·19 대책을 통해 공공 임대와 공공 전세, 신축 매입 약정 등 11만 4,100호의 단기 주택 공급계획도 발표됐다.

계획보다 실제 입주 물량까지 나오도록 제대로 공급하는 것이 중요하다. 대규모 공공택지 공급 물량은 계획대로 진행되더라도 2025~2030년 사이에 순차적으로 나오기 때문에 서울 및 수도권의 경우 2021~2024년까지 입주 물량이 부족할 수 있다. 아마 2025년 이후에는 입주 물량 증가와 함께 금리 인상으로 껑충 오른 기준금리 영향으로 주택 시장이 침체할 가능성이 있다.

주택 시장이 침체하면 주택 시장 거래 활성화를 위해 공급 계획 물량의 속도를 조절할 가능성도 배제할 수 없다. 특히 2021년 8월 30일에 추가 발표된 의왕·군포·안산, 화성 진안 등 신도시 12만 호는 입지도 상대적으로 떨어지고 입주 시기도 불확실해 차라리 발표하지 않았으면 더 좋지 않았을까 하는 생각도 든다.

공공 재개발과 3080+

#공공 재개발
#3080+
#공공주택 복합 사업
#공공 직접 시행 정비 사업

강력한 수요 억제 규제 정책을 쏟아부었는데도 서울 집값이 잡히지 않자 문재인 정부는 공급 확대로 정책의 방향을 전환하면서 3기 신도시 등 대규모 공공택지 개발과 함께 공공 재개발과 3080+ 카드를 꺼내 들었다.

공공 재개발

공공 재개발 사업은 LH(한국토지주택공사), SH(서울주택도시공사) 등 공공기관이 시행자로 참여해 주택 공급 및 주거 환경 개선 등을 촉진하는 재개발 사업이다. 공공 재개발 사업을 하되면 도시

계획위원회 심의를 거쳐 용적률을 법적 상한의 120%까지 완화해주고 임대 주택 기부 채납 비율도 50%에서 20~50%로 완화해준다. 또한, 관리 처분 당시 산정한 조합원 분담금을 보장해주고 분양가 상한제 적용을 제외해주며 통합 심의를 통해 사업 관련 심의절차도 간소화해준다.

사업성 부족 및 조합과 주민 갈등으로 사업 추진이 제대로되지 않았던 민간 재개발 사업에 비해 용적률, 분양가 상한제 인센티브에다 공공이 갈등을 중재하고 사업 관리를 함으로써 빠르게재개발 사업을 추진할 수 있다는 장점이 있지만 공공에 대한 신뢰저하와 주민들의 반발로 빠른 속도를 내지 못하고 있다. 또한, 정책의 일관성을 감안하면 새 정부에서 공공 재개발 사업을 적극 추진할 가능성은 낮다.

2021년 1월 15일에 발표된 공공 재개발 1차 후보지는 재개발 사업 진척이 제대로 되지 않고 있던 종로구 신문로, 동대문구 신설1, 영등포구 양평13 및 양평14, 관악구 봉천13, 강북구 강북5, 동대문구 용두1-6, 동작구 흑석2 등 8곳 5,000호 규모다. 2021년 3월 29일에 발표된 공공 재개발 2차 후보지는 상계3, 천호A1-1, 본동, 금호23, 숭인동 1169, 신월7동-2, 홍은1, 충정로1, 연희동721-6, 거여새마을, 전농9, 중화122, 성북1, 장위8, 장위9, 신길1등 16곳 2만 호 규모다. 2021년 4월에 선정된 공공 재건축 후보지는 망우1, 중곡A, 신길13, 강변 강서 등 4곳이다.

이 정도 물량은 언 발에 오줌 누기밖에 되지 않지만 지지부진하던 재개발구역에 공공이 개입해서 빠른 추진을 하는 공공 재개발이 하나둘 성공적으로 자리를 잡는다면 새 아파트 공급과 더불어 낙후된 도심지역 재생에도 큰 도움이 될 수 있으므로 긍정적이라고 할 수 있다. 하지만 현실적으로는 공공에 대한 신뢰와 정책의 일관성에 대해 민간 조합원들이 갖는 불신의 뿌리가 깊고 임대아파트 등 공공 기여에 대한 우려로 기대처럼 성공적으로 진행되기는 쉽지 않아 보인다.

3080+

2021년 2·4 대책에서 '대도시권 주택 공급 획기적 확대 방안'이 발표됐다. 도심 공공주택 복합 사업과 공공 직접 시행 정비사업, 도시 재생, 공공택지 신규 지정을 통해 2025년까지 전국 83만 호, 서울 32만 호 정도의 주택 공급 부지를 확보하겠다는 내용을 담고 있다.

문재인 정부 1호 부동산 공약인 도시 재생 사업은 매년 100곳, 10조 원씩 5년간 50곳, 50조 원을 투입해 노후 저층 주거지, 구도심, 전통 산업단지, 재래시장, 쇠퇴한 농촌지역의 생활환경을 개선하고 도시 경쟁력 강화, 일자리 창출, 역사적 문화 가치 보존을 하는 사업이다. 재개발 사업처럼 기존 건축물을 멸실(滅失)하고 새 아파트를 건축하는 사업이 아니라 기존 건축물을 보존하고 환경을 개선하는 사업이라 이해하면 되겠다. 아쉽게도 당초 기대와 달리 주민들의 호응을 얻지 못했고 정부도 강한 의지를 보여주지 못하면서 도시 재생 사업은 용두사미로 끝나버렸다.

도심 공공주택 복합 사업은 역세권, 준공업, 저층 주거 등 가용지를 활용해 주택을 공급하는 복합 사업이다. 용도지역을 상향해 용도 변경을 하고 용적률 법적 상한 기준을 늘리면서 주거지와 상업지 상업 비율을 줄여 역세권과 준공업지역, 저층 주거지에 좀 더 많은 주택을 공급할 계획을 갖고 있다.

공공 직접 시행 정비 사업은 주민이 희망할 경우 동의(3분의 2)를 받아 LH, SH 등 공공기관이 직접 시행해 정비 사업을 주도하는 것이다. 민간 재개발 사업으로 하면 정비구역 지정부터 이주까지 13년 정도 걸렸지만 공공 직접 시행 정비 사업을 통해 5년으로 단축시켜 속전속결 정비 사업을 하는 계획을 갖고 있다.

정리해보면, 토지 등 소유자들이 조합원이 되어 조합을 만들고 관리 처분을 받아서 사업을 진행하는 기존 민간 재개발 사업과 달리 공공 재개발은 공공이 시행자로 참여해 조합과 함께, 또는 공공이 조합을 대신해 사업을 진행하는 것이다. 토지 소유권은 조합원이 갖는 반면, 공공 직접 시행 정비 사업은 조합원 동의를 얻어 토지 소유권을 공공이 수용(현금 선납)받아 신도시 개발 사업을 하듯이 직접 시행하고 책임도 지는 방식이다.

구분	민간 재개발	공공 재개발	공공 직접 시행 정비 사업
시행자	조합	조합+공공 또는 공공	공공
시행	관리 처분	관리 처분	현물 선납
사업 기간 동안 토지 소유권	조합원	조합원	공공(사업 후 반납)
사업 위험	조합원 부담	공공 책임(확정 분담)	공공 부담(확정 수익)
기부 채납	20~25%	별도 특례 없음	재개발 15%, 재건축 9%
용적률	정비 계획상 용적률	법적 상한 용적률의 120%	추가 용적률+ 특별 건축구역

　　문재인 정부는 2·4 대책 1년을 맞아 2022년 1월에 계획 대비 60% 목표를 달성했다고 발표했지만 3기 신도시 등 신규택지 발굴이 33만 호이며 나머지 17만 호 후보지 중 지구 지정이 된 곳은 1만 호밖에 되지 않았다. 지구 지정이 된 후 입주까지는 아무리 빨라야 10년 후이고 윤석열 정부가 문재인 정부에서 추진한 공공 재개발과 3080+를 일관성 있게 추진한다는 보장은 없기에 실제 입주까지 사업이 잘 진행될 확률은 매우 낮다.

새 정부의 부동산 시장을 전망한다

"집값 더 오른다."
"아니다, 이제는 꺾였다."
새 정부가 들어섰지만 아직도 팽팽한 줄다리기가 진행 중이다. 한쪽에서는 기준금리가 오르고 있지만 여전히 풍부한 유동성, 입주 물량 부족, 전세 강세가 뒷받침되고 있어서 더 오른다는 주장이 있고, 또 다른 한쪽에서는 기준금리 인상이 계속 진행되면서 대출에 대한 부담이 증가하고 유동성이 줄어들고 있는 점, 올라도 너무 많이 올랐다는 피로감 누적, 강력한 대출 규제 영향 등으로 하락한다는 의견이 있다. 내리는 데도 몇 년의 시간이 필요하고 그 어떤 대통령도 부동산 시장 안정을 원하므로 시장 상황을 고려하지 않은 급격한 정책 변화는 없을 것이다, 결국 수요와 공급의 밸런스가 중요하다 등의 이유로 당분간 보합이 유지될 것이라는 목소리도 있다. 현재 시장에 다양한 목소리가 있다는 것을 인지하면서 윤석열 정부의 부동산 시장에 대해 예측해보자.

01

입주 물량은 여전히 부족하다

#입주 물량
#반비례
#지역별 입주 물량 분석

주택 공급은 신규 아파트로 주택의 숫자를 늘리는 '절대적 공급'과 이미 보유한 다주택자들의 매물이 시장에 나오는 '상대적 공급'이 있다.

현재 상대적 공급 관련해서는 다주택자 양도세 중과에 막혀 매물 동결 현상이 발생해 꽉 막혀 있는 상태지만 정책 변화에 따라 언제든지 가능하다. 하지만 절대적 공급인 아파트 입주 물량의 경우 2~3년의 타성 기간(부동산 경기의 변동이 일반 경기의 진퇴에 비해 뒤지는 시차)이 필요해 공급 계획이 발표되더라도 바로 효과가 나오기 어렵다.

3기 신도시와 같은 대규모 공급 계획이 발표되더라도 2025

년이 넘어가야 입주 물량이 시장에 나올 것이며 재건축 및 재개발 정비 사업을 통한 주택 공급이 유일한 방법인 서울에서는 입주 물량을 늘리기가 더욱 어렵다. 예전에 공급된 오래된 아파트와 지하 단칸방, 빌라까지 포함된 주택 보급률만 보고 주택이 충분하다고 판단하면 안 된다. 시장의 수요자들이 원하는 주택은 새 아파트 입주 물량이다.

예전에는 젊어서 고생은 사서도 했지만 요즘은 굳이 사서 고생을 하지 않으려고 하고 (부모가 자식을) 고생시키려고 하지 않는다. 물질적인 풍요시대를 살아온 현재의 젊은 세대와 그 부모들은 주거 환경이 열악한 주택보다는 편리하고 쾌적한 새 아파트를 원한다. 귀한 자식을 위해 인기 지역의 인기 아파트를 구입하지 않으면 결혼 승낙을 해줄 수 없다는 부모를 TV 드라마가 아니라 주변에서도 볼 수 있는 요즘이다. 실제 필자도 이런 경우를 여러 번 봤다.

2006년 당시 분위기가 좋았던 서울 및 수도권에 신규 아파트 분양 물량이 집중된 반면, 미분양 우려가 높았던 부산, 대구 등 지방에는 오히려 신규 아파트 분양 물량이 줄었다. 그러다 2009년부터 입주 물량 부족이 현실화되면서 부산을 시작으로 지방 아파트 가격은 상승했다.

입주 물량이 늘어나면 매매와 전세 모두 약세가 된다. 반면 입주 물량이 줄어들면 전세와 매매 모두 강세가 될 가능성이 높다.

입주 물량과 아파트 가격 상승률은 반비례 관계다.

　다음 그림은 1990년부터 2024년까지 서울 아파트 입주 및 입주 예정 물량 그래프다.

서울 아파트 공급 추이

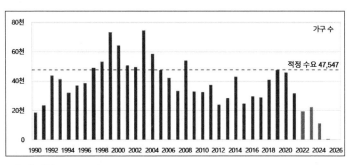

・출처: 아실

　서울 집값이 크게 하락한 2012년 입주 물량은 2만 3,000가구 정도로 적정 수요에 비해 부족했지만 집값은 떨어졌다. 2017년 3만, 2018년 4만 1,000, 2019년 4만 7,000, 2020년 4만 5,000가구 정도로 서울의 입주 물량은 지속적인 상승을 했는데도 서울 집값은 계속 올랐다. 입주 물량과 집값은 반비례라고 했는데 무엇이 잘못된 것일까?

　아파트 가격은 입주 물량에만 영향을 받지 않는다. 부동산 정책, 금리, 경제 상황, 유동자금, 투자 심리 등의 영향도 받는다.

　2016년부터 본격적인 상승세가 된 배경에는 저금리, 과잉 유동성, 정책 이념이 들어간 반시장적 규제 일변도 정책의 부작용과 왜곡이 큰 영향을 미쳤다. 또한, 나만 뒤처진다는 상대적 박탈감, 지금 아니면 영원히 집을 살 수 없을 것 같다는 불안감으로 투자 심리가 완전히 살아나면서 늘어나는 입주 물량을 완전히 눌러버렸다. 여기에 항상 물량이 부족한 서울이라는 특성도 한몫했다.

2017~2020년에는 상대적으로 입주 물량이 괜찮았다는 것이지 똘똘한 1채와 '인 서울'을 원하는 과잉 수요를 감안하면 서울의 입주 물량은 항상 부족하다고 보면 된다.

서울은 대학교, 직장, 투자를 위해 사람들이 계속 몰리는 곳이라 주택 수요는 꾸준히 유입되고 있다. 다른 지역과 달리 재건축 및 재개발 정비 사업을 통해서만 새 아파트 공급이 가능하다 보니 공급 자체가 제한적이며 공급하더라도 멸실(滅失)된 기존 주택 수를 감안하면 서울은 주택 부족 도시다. 입주 물량이 나왔을 때도 정책의 부작용과 유동성으로 크게 올랐는데 2021년 3만 1,000가구로 줄어든 서울 입주 물량은 2022~2024년까지 계속 부족하다. 혹시 과도한 상승에 대한 피로감과 기준금리 인상, 대출 총량 규제 영향으로 인해 하락으로 전환되더라도 입주 물량 부족은 하락을 지탱해주는 역할도 하기 때문에 큰 폭의 하락으로 연결되지는 않을 것이다.

입주 물량이 매매 가격에 영향을 주는 것은 분명한 사실이다. 한 가지 팁을 말하자면 분양 물량은 입주 물량을 예측할 수 있는 선행지표다. 현재 분양 물량을 예의주시하면 2~3년 후 입주 물량 영향을 예측하는 데 도움이 된다. 주택 인허가 물량을 확인해보는 것도 좋지만 주택 인허가 물량은 착공이 되지 않거나 소멸되는 경우도 있어서 실질 주택 공급량과는 차이가 있을 수 있다는 점은 감안한다. 참고로, 책 지면 관계상 일부 통계 그래프만 보여줬는데 입주 물량 통계 자료는 조사기관에 따라 차이가 있다. 한국부동산원, KB 부동산, 통계청, 부동산R114, 직방, 아실 등 여러 부동산 관련 기관의 통계자료를 함께 참고하는 것이 좋다.

02

전세는 그래도 오른다

#전세난
#전세 상승
#임대차 3법
#입주 물량

요즘에도 다음과 같은 말을 자주 듣는다.

"집값은 그래도 오를 것이다. 떨어져도 많이 떨어지지는 않을 것이다."

전세 가격이 매매 가격을 떠받쳐주는 버팀목 역할을 하기 때문이다.

2012년에 서울 아파트 가격이 크게 떨어진 적이 있었다. 이렇게 말하면 "어? 그랬나? 기억이 나지 않는데?"라고 얘기하는 사람이 많다. 정확하게 말하면 일반 아파트보다 재건축 및 재개발 정비 사업 물건의 가격이 더 많이 떨어졌다.

이유는 간단하다. 전세 가격이 버팀목 역할을 얼마나 잘 해줬느냐에 따라 하락 폭이 달랐다. 일반 아파트의 전세가율이 50% 정도였는데 반해 오래된 노후주택인 재건축 및 재개발 정비 사업 구역에 있는 물건의 전세가율은 10~20% 수준이었다. 개포주공 1단지 13평형의 11억 원이 2년 만에 5억 7,000만 원으로 폭락했다. 전세 가격이 9,000만 원밖에 되지 않았는데 속절없는 하락을 막아 줄 버팀목으로는 너무 낮았던 것이다.

2020년 여름에 '2+2 계약 갱신 청구권'이 시행되면서 크게 흔들렸던 전세 시장이 2022년 초에 안정되자 안도의 한숨을 쉬는 사람들이 있었는데 전세 시장 안정의 의미를 잘 이해하지 못하고 있는 것이다. 뉴스에서 전세 시장 안정이라고 하면 전세 가격 상승 폭이나 상승률이 안정적이라는 것이지 전세 가격 하락을 의미하는 것이 아니다.

다음 그림은 2010년에서 2021년까지 전국과 서울의 평균 전세 가격 지수를 나타낸 그래프다. 장기적으로 꾸준히 우상향한 것을 알 수 있다.

2010~2021년 평균 전세 가격 지수

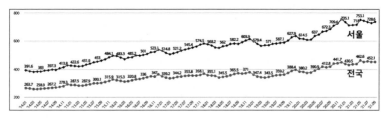

• 출처: 경실련

대규모 입주 물량이 나올 때가 아니라면 전세 가격이 떨어지는 경우는 찾아보기 어렵다. 전세 가격이 입주 물량만 아니면 떨어지지 않고 이렇게 우상향하는 이유는 3가지다.

첫째, 전세라는 너무나 좋은 주거제도의 존재다. 시세의 절반 정도로 전세금을 내면서 거주하는 동안 세금은 하나도 내지 않다가 전세 계약이 종료되면 보증금은 그대로 받아갈 수 있다. 집값 상승을 통한 인플레이션 방어가 안 된다는 것만 제외하면 완벽에 가까운 주거제도가 전세다. 외국인이 우리나라에 와서 전세를 보고 집값의 절반이나 되는 큰 보증금을 알지도 못하는 집주인한테 맡기는 것에 한 번 놀랐고, 살아보니 너무 좋아서 두 번 놀랐다고 한다.

둘째, 매매 가격이 오르는 만큼 전세 가격은 따라 오른다. 매매 가격은 인플레이션에 따른 화폐 가치 하락만큼, 또는 그 이상 장기적으로 우상향한다. 매매 가격 대비 전세 가격의 비율인 전세가율은 40~70% 범위 내에서 오르내리는데 보통 50% 수준을 유지한다. 예를 들어, 매매가 10억 원, 전세가 5억 원이던 아파트가 20억 원이 되면 시차를 두고 전세 가격은 10억 원 정도로 따라 간다.

셋째, 부동산 시장이 침체되면 오히려 전세 가격은 더 오른다. 그런데 전세 가격은 매매 가격보다 더 안정적이고 꾸준히 상승한다. 전세 수요는 (전세) 실수요자들이라서 매매 수요처럼 부동산 시장의 분위기나 경제 상황 등에 따라 탄력성이 크지 않아 꾸준하고 안정적인 수준을 유지하기 때문이다. 오히려 매매 가격이 하락하는 침체가 되면 매매 수요가 전세로 유입되면서 전세 시장은 더욱 강세가 된다. 3기 신도시 등 사전 청약 당첨자들이나 본 청약을 기다리는 예비 청약자들은 무주택 자격을 유지해야 하기 때문에 전세 시장을 떠날 수가 없다.

전세 가격은 안정되고 있다는 뉴스를 접할 수 있는데 실상은 그렇지 않다. 전세 가격 상승 폭이 둔화된 것이지 전세 가격은 떨어지지 않았다. 오히려 월세 거래가 늘고 월세 가격이 더 올랐다. 2+2 계약 갱신이 되면서 거래량이 줄어들었고, 종합부동산세 부담이 커진 임대인들이 전세금 인상보다 월세로 전환하는 사례가 늘어났기 때문이다. 2024년까지 서울 아파트 입주 물량이 부족한 점을 감안했을 경우 입주 물량이 나오는 단지 주변의 아파트가 아니라면 전세 가격은 낮아지지 않는다.

결국 전세와 월세 모두 강세가 될 가능성이 높다. 전세 가격이 떨어지지 않고 오히려 강세가 된다면 집값을 밀어 올리는 상승 요인이 된다. 설사 주택 시장이 침체되더라도 하락 폭은 제한적일 수밖에 없다.

이렇듯 전세 가격은 집값 안정의 매우 중요한 변수가 된다. 그런데 전세 및 월세의 임대차 문제는 정부가 정책으로 해결하기가 참 어렵다.

입주 물량이 늘어나려면 대규모 공급 계획이 잘 추진되어야 하는데 2025년은 넘어야 한다. 섣불리 건드린 임대차 3법은 임대차 시장을 자극하면서 왜곡만 더 심하게 만들었다. 임대차 계약 갱신 시 5% 이내로 인상하면 양도세 1년 거주 요건을 충족시켜주는 상생 임대인제도를 2022년에 시행했지만 효과는 미비하다. 임대인에게 인센티브를 주는 아이디어는 좋지만 인센티브가 너무 궁색하다. 2년에다 거주 기간 1년을 해서 4년 동안 안 올리면 거주 요건 2년을 다 인정해주거나 종합부동산세 합산 배제 정도 해주고 대상도 1주택이 아닌 다주택자로 확대했다면 훨씬 더 효과적이었을 것이다.

윤석열 정부의 부동산 정책이 성공하려면 전세 시장 안정은 꼭 필요하다. 아울러 3기 신도시 등 계획했던 공급 계획이 차질없이 입주 물량으로 이어질 수 있도록 일관성 있는 정책 추진이 필요하다. 민간 임대 물량을 공급해주는 역할을 하는 임대인을 압박하고 규제만 하는 채찍보다는 임대인과 임차인 모두 상생할 수 있도록 임대료를 올리지 않는 상생 임대인에게 제대로 된 인센티브를 주는 당근 정책도 병행할 필요가 있다.

유동성의 힘은 여전하다

#유동성
#통화량
#토지 보상금

2021년 11월 한국은행이 발표한 시중 통화량[광의통화(M2)]은 3,589조 1,000억 원으로 집계됐다. 2020년 3,070조 원에서 500조 원 정도가 늘어났다. 단기자금 지표로 언제든지 현금화가 가능한 돈인 협의통화(M1)도 1,350조 원으로 2020년 1,059조 원 대비 300조 원 정도가 증가했다.

2016~2021년 부동산 시장 상승장의 원동력이 저금리와 유동성의 힘이었음을 부인하는 사람은 거의 없다. 돈이 넘치는데 부동산과 주식, 가상화폐가 오르는 것은 당연하다. 선행지표인 주식과 후행지표인 부동산이 동시에 급등한 것은 이례적인 현상으로 그만큼 유동성의 힘이 커졌다는 방증이다.

    2008년 글로벌 금융위기 이후 엄청나게 풀린 과잉 유동성이 제대로 회수되기도 전에 코로나19가 전 세계적으로 확산되는 팬데믹(Pandemic) 현상이 생기면서 더 많은 돈이 풀려버렸다. 2022년에 미국이 본격적인 테이퍼링(Tapering, 유동성 회수)에 들어가면서 긴축의 시계는 빨라지고 있지만 엄청나게 풀린 유동성이 단기간에 모두 사라지지는 않는다.

    입주 물량 부족, 전세 강세, 여전히 남아있는 유동성을 감안하면 단기간에 주택 가격이 크게 하락할 가능성은 낮다. 투자 심리는 꺾이지 않았고 여전히 상승에 대한 기대감과 불안감을 느끼는 상황이어서 기준금리 인상 속도나 부동산 정책 변화에 따라 언제든지 반등을 칠 가능성은 충분히 있다.

    급등하는 서울 집값을 잡기 위해 발표한 3기 신도시가 오히려 부동산 시장을 자극할 가능성도 있다. 바로 3기 신도시 토지 보상금 때문이다. 사업 진척 속도에 따라 토지 보상 시기는 유동적일 수 있지만 정부가 발표한 남양주 왕숙, 하남 교산, 고양 창릉, 부천 대장, 인천 계양, 광명 시흥 등 3기 신도시 등에 공공택지 개발을 위해 토지 보상으로 풀릴 돈은 대략 60조 원 이상이고 2022년에만 32조 원이 풀린다.

    과거 2기 신도시와 관련해 토지 보상금 60조 원 정도가 풀린 2006~2007년에 전국 땅값은 10%, 아파트 가격은 20%가량 크게 올랐었다. 물론 집값 상승에는 여러 요인이 있어서 토지 보상금 때문에 무조건 집값이 크게 상승한다고 단정 지을 수는 없다. 그 래도 토지 보상금이 영향을 주는 것은 사실이며 일반 유동성보다 더 강력한 부동산 유동성으로 자리를 잡을 가능성이 크다.

고기도 먹어본 사람이 먹는다고 부동산으로 돈을 번 사람 은 대부분 다시 부동산에 투자하는 경향이 있다. 토지 보상금을 받 은 사람들 대부분은 마땅한 대안이 없는 현 상황에서 다시 부동산 시장에 눈을 돌릴 것이다. 자연스럽게 땅값, 집값 모두 자극을 받을 것이다. 생각해보자. 오랜 시간 보유하던 토지가 수용되어 평생 만 져 보기 힘든 많은 토지 보상금을 받았다면 어떻게 할까? 주식 투 자를 하기에는 불안하고 은행에 넣어두기에는 예금금리가 아쉽다. 당연히 근처 부동산이나 서울 아파트 하나 정도 사려고 할 것이다. 이런 사실을 모를 리 없는 정부는 토지 보상금의 부작용을 막기 위 해 돈 대신 땅으로 보상을 받는 대토(代土) 보상을 활성화하겠다고 했지만 효과는 미지수다. 수용되는 토지의 소유주들은 돈을 원한 다. 돈이 있으면 내가 원하는 땅을 살 수 있는데 굳이 신도시 사업 시행자가 개발해서 정해준 땅을 받을 이유가 없기 때문이다.

기준금리가 올라가는 추세인 것만은 분명하지만 단기간에 모두 올릴 수는 없는 문제이고 미국의 고용지표나 경제 상황에 따 라 예상과 달리 금리 인상 속도가 생각보다 빠르지 않을 수도 있다. 여전히 많은 유동성에 토지 보상금까지 더해지면 2022~2023년 부동산 시장을 다시 자극할 가능성은 존재한다.

04

올라도 너무 올랐다

#문재인 정부 5년 집값 상승
#서울 아파트 3.3㎡당 시세 변동
#평균 매매 가격 변동률

집값이 올라도 너무 올랐다. 경실련 발표에 따르면, 문재인 정부가 출범한 2017년 5월 당시 서울 아파트 가격은 3.3㎡당 2,061만 원이었다. 그 후 5년이 지나자 4,309만 원이 됐다. 쉽게 말해서 6억 2,000만 원 하던 30평형 아파트가 6억 7,000만 원이 올라 12억 9,000만 원이 된 것이다.

다음 그림은 문재인 정부 5년 동안 상승한 서울 아파트 가격 변동 폭을 나타낸 그래프다. 2020년 1월 14일 문재인 대통령의 집값 원상 회복 발언 때까지 52%가 올랐고 발언 이후 37%가 더 올랐다. 원상 회복을 하려면 6억 7,000만 원(3.3㎡당 2,248만 원)이 더 떨어져야 한다.

문재인 정부 5년 동안 서울 아파트 3.3㎡당 시세 변동

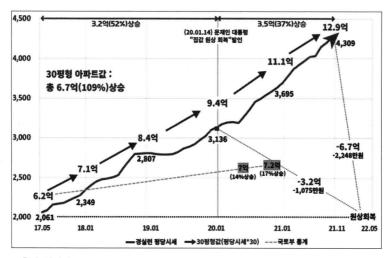

• 출처: 경실련

　　경실련의 통계도 현실을 정확히 반영하지는 못하고 있다. 평균 통계가 그렇다는 말이지 중산층 이상이 거주하고 있거나 거주하고 싶은 인프라가 좋은 수도권 아파트는 2~3배 올랐다. 2017년 5억 원 정도 하던 아파트가 10~15억 원까지 오른 것이 이상하지 않은 상황이다.

　　꾸준히 상승한 서울과 달리 인천 등 수도권 외곽과 일부 지방의 아파트 가격은 2020년 이후 더 올라서 2년 만에 2배가 상승한 아파트가 속출했다. 해당 지역의 랜드마크 아파트도 아니고 서민들이 거주하는 2~3억 원대 아파트가 5~6억 원대까지 상승했으니 자금이 부족한 서민들이 느끼는 집값 상승 고통은 훨씬 더 컸다.

부동산, 특히 집값 상승은 이제 일상이 됐다. '집값이 떨어지기나 했나?' 집값은 계속 오르기만 했다는 착각이 들 정도로 그동안 집값 상승세는 무서울 정도였다.

(앞에서 말한 경실련 통계 외에 또 다른 곳의 통계를 보면) 문재인 정부가 출범한 2017년 5월 서울 아파트 평균 가격은 3.3㎡당 2,322만 원이었는데 3년 반이 지난 2020년 말 기준 3.3㎡당 4,033만 원으로 74%나 올랐다. 그런데 정부는 서울 아파트 상승률은 20%대라고 항변한다. 한국부동산원의 특성과 적은 표준 수를 감안해도 20% 상승은 너무 낮게 잡았다는 생각이 든다.

다음 그림은 2017년 5월부터 2021년 10월까지 서울 아파

매매 가격 지수와 평균 매매 가격 누적 변동률 비교

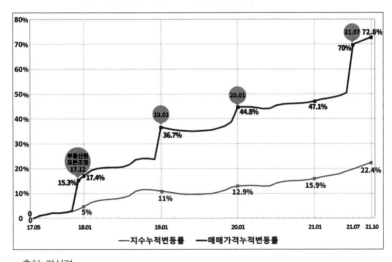

• 출처: 경실련

트값 매매 가격 지수와 평균 매매 가격 누적 변동률을 비교한 그래프다.

매매 가격 지수의 누적 증감률은 22.4%로 연평균 5% 상승에 그쳤다. 정부가 20%대 상승이라고 말하는 배경이 바로 여기에 있다. 하지만 평균 매매 가격은 5억 7,000만 원에서 11억 4,000만 원으로 상승했고, 누적 증감률은 72.6%(연평균 16.2%)로 3배 정도 차이가 난다. 저금리와 풍부한 유동성, 입주 물량 부족, 투자 심리 등을 감안해도 5년 동안 너무 올랐다는 생각을 지울 수가 없다.

더 큰 문제는 소득은 늘어나지 않았는데 집값만 상승했다는 것이다. 노동자 평균 연간 급여는 2017년 3,096만 원에서 2021년 3,444만 원으로 11% 늘어난 반면, 아파트값은 6억 2,000만 원에서 12억 9,000만 원으로 임금 상승액의 192배인 6억 7,000만 원(109%) 상승했다.

소득 대비 집값 비율인 PIR(Price to Income Ratio)은 급여를 한 푼도 사용하지 않고 모아서 집 사는 데 몇 년이 걸리는지를 나타내는 지표다. 2017년에는 20년이 걸렸다면 2021년에는 무려 38년으로 늘어났다. 38년 동안 한 푼도 쓰지 않고 돈을 모아야 서울 아파트를 살 수 있다는 얘기니 올라도 너무 올랐다. 어디 서울 및 수도권뿐이랴? 광역시와 지방 중소도시들 모두 올랐다.

최근 벤츠, BMW 등 수입 자동차와 제네시스 같은 국산 고급 자동차를 구입하는 사람이 늘어났다고 한다. 사실 누구나 좋은 차 사고 싶어하는 마음은 다 있다. 또한, 코로나19로 인해 해외여행을 가지 못하는 대신 차를 바꾸는 사람도 있을 것이다.

그런데 이번 생애에는 내 집 마련은 틀렸고 차라도 좋은 차를 사자는 심리가 강해진 이유도 있다고 하니 그저 씁쓸한 웃음밖에 나오지 않는다. 노력해서 집을 살 수 있는 수준을 넘어버린 집값, 올라도 너무 올랐다.

기준금리 인상을 주목하라

#기준금리
#금리와 집값
#미국 기준금리 인상

기준금리(Base Rate)는 한 나라의 금리를 대표하는 정책금리로 금융기관과 환매조건부채권(RP), 예금, 대출 등 각종 금융 상품 금리의 기준이 된다. 각국의 중앙은행은 국내외 경제 상황에 맞춰서 기준금리를 조정한다. 우리나라의 중앙은행은 한국은행(금융통화위원회), 미국은 연방준비제도이사회(FRB), EU는 유럽중앙은행(ECB)이다.

기준금리가 우리가 바로 체감하는 대출금리와 예금금리가 되지는 않지만 각종 금리의 기준이 되면서 영향을 준다. 금리가 오르면 경제가 좋다는 방증이며 시중의 유동자금을 회수하면서 물가 안정과 경기 과열에 도움을 주지만 물가, 부동산, 주식, 채권 등의 수익에 역행한다. 또한, 원화 가치 상승, 달러 대비 환율 하락을 만들어내면서 내수 경제와 수출에 부정적인 영향을 줄 수 있다.

금리와 집값은 반비례 관계다. 이론적으로 금리가 0.5~1% 오르면 집값은 1~2% 내린다. 대출금리가 오르면 대출 부담이 늘어나면서 매물은 증가하고 투자 수요는 줄어들기 때문이다. 반대로 금리가 내리면 부동산, 특히 집값에는 긍정적인 영향을 준다. 하지만 경제 상황이 매우 좋지 않다는 의미도 있어서 금리 인하가 마냥 기뻐할 일은 아니다.

2021년에 두 차례 기준금리를 올린 한국은행이 2022년 1월에도 올리면서 1.25%가 됐다. 이 정도면 저금리 기조는 완전히 종식됐다고 봐도 된다. 2022년 말까지 추가로 기준금리가 1~2차례 더 인상되면 시중 주택 담보 대출금리는 4%가 넘을 것이다. 여기서 더 큰 문제가 남아있다. 미국의 기준금리 인상이 시작됐다는

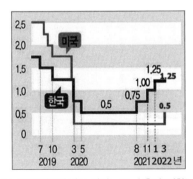

한국과 미국 기준금리 추이

• 주: 2022년 3월 기준, 단위는 %p | 출처: 연합뉴스

점이다. 2022년 3월에 0.25%p를 올리면서 2022년에 6회, 2023년에 4회 정도 추가 인상을 예고했다. 그렇게 되면 2022년 말에 1.875%까지, 2023년 말에 3%까지 올라갈 수 있다.

미국이 기준금리를 올리는데 왜 태평양 건너 우리나라의 기준금리 인상 압박이 커지는 것일까? 미국과 우리나라 기준금리 간 차이가 1%p 이상 벌어지면 국내에 유입된 외국 자본의 유출이 발생할 수 있기 때문이다. 그래서 미국의 기준금리 흐름까지 신경을 써야 한다.

미국이 기준금리를 인상하면 안전자산 선호도가 높아지면서 신흥국에 유입된 투자 자본 이탈이 확대된다. 그러면 신흥국에서 자산 가격과 통화 가치의 하락이 발생해 외환 불안, 경기 둔화, 디플레이션 등의 우려가 커지게 된다. 미국이 금리 인상이라는 기침을 하면 신흥국은 독감에 걸릴 가능성이 커지는 이유다. 한국은행에서 2021년 8월부터 2022년 1월까지 3차례 기준금리 인상을 한 것도 미국의 기준금리 인상에 대비한 선제 대응 성격도 있다.

"이 정도 기준금리 인상은 예상했고 경제 상황도 있는데 이제는 더 이상 많이 올리기는 어려울 것이다."

금리는 여러 경제지표와 상황을 고려해서 결정하므로 우려처럼 빨리 올리지 못할 가능성도 있으며 물가와 금리가 오른다는 것은 경제가 좋아진다는 이야기이므로 마냥 두려워할 필요는 없다는 목소리도 있다.

물론 틀린 말은 아니다. 입주 물량 부족, 전세라는 제도 등을 감안하면 당장 큰 폭의 하락이 발생할 가능성은 낮다. 또한, 이미 강한 대출 규제를 시행하고 있어서 주택 시장에 미칠 대출 영향이 제한적이고 강남 등 인기 지역의 경우 어차피 대출이 잘 안 나와서 현금 부자들만 투자할 수 있는 상황이라 금리 인상 영향이 크지 않을 수도 있다. 기준금리를 올릴 때도 있었고 내릴 때도 있었기에 위기 관리는 필요하지만 너무 두려움에 떨 필요는 없다.

다음 표에서 보듯이 과거에도 미국은 1985년 이후 4번의 높은 금리 인상이 있었는데 우려와 달리 우리나라 경제는 큰 영향을 받지 않았다.

과거 미국 금리 인상의 우리나라 영향

구분	기간	코스피	주택 가격
1차	1985년 10월~1989년 3월	262% 상승	평균 2배 상승
2차	1993년 12월~1994년 12월	36% 상승	보합
3차	1999년 1월~2000년 1월	98년 폭락 후 79% 상승	98년 폭락 이전 회복
4차	2004년 6월~2006년 7월	138% 상승	평균 1.7~2배 상승

그렇다고 해도 우리는 낙관적인 예상과 다른 상황까지 충분히 대비할 필요가 있다. 필자는 미국과 우리나라 기준금리 인상 시계가 2025년까지도 이어질 수 있다는 점이 걱정스럽다.

미국은 금리 흐름의 추세가 한번 결정되면 3년 정도에 걸쳐 빠르게 진행하기 때문에 2025년이 되면 현재의 제로금리는 3%를 훌쩍 넘길 가능성이 있다. 당연히 우리나라도 2025년 정도가 되면 기준금리 3% 정도는 예상해야 하며 대출금리는 6~7% 또는 그 이상 될 가능성도 배제할 수 없다.

　　2020~2021년 2~3%대 주택 담보 대출로 무리하게 아파트를 구입한 집주인들의 대출 이자 부담이 늘어날 수밖에 없고 주택을 구매하려는 실수요자의 부담도 늘어나 주택 구매 능력이 더욱 약해질 것이다. 신규 주택 구입자라면 집값의 30% 이내로 빌리고 신용 대출은 자금계획에서 제외하는 것이 좋겠다. 이미 담보 대출을 받아 주택을 구입했다면 상대적으로 낮은 담보 대출이나 고정금리 상품으로 갈아타는 것을 고려해봐야 하고, 신용 대출을 받은 사람이라면 추가 투자보다는 신용 대출부터 우선적으로 상환하는 것이 좋겠다.

06

대출 규제 쉽게 풀리지 않는다

#가계 부채
#DSR 총량 규제

2021년 12월 말 기준, 은행권 가계 대출 잔액은 무려 1,060조 7,000억 원이다. 대출 1,000조 원은 우리나라 인구(5,000만 명) 1인당 2,000만 원씩 빚이 있는 것이라고 할 수 있다. 스마트폰(안드로이드) 계산기 최대 입력금액이 100조 원이니 계산조차 되지 않는 큰 금액이다. 금액도 문제지만 증가 속도도 빠르다. 2020년에 100조 6,000억 원, 2021년에 71조 8,000억 원이 늘어났다. 다른 나라와 비교해보면 좀 더 심각하게 보일 것이다.

국제금융협회(IIF)의 '세계 부채 보고서'에 따르면, 2021년 2분기 기준 세계 37개 나라의 GDP(국내총생산) 대비 가계 부채 비율 조사에서 한국이 104.2%로 가장 높게 나왔다. 홍콩, 영국, 미국,

일본, 중국보다 높은 수준으로 가계 부채 규모가 경제 규모를 웃도는 경우는 우리나라가 유일하다. 우리나라 가계 빚이 국가 경제 규모를 고려할 때 세계 주요국 중 가장 많으며 가계 빚이 불어나는 속도 역시 빠르다.

주요국 GDP 대비 가계 부채 비율

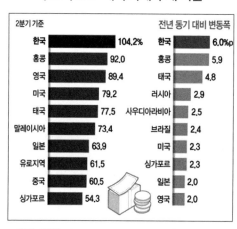

2분기 기준		전년 동기 대비 변동폭	
한국	104.2%	한국	6.0%p
홍콩	92.0	홍콩	5.9
영국	89.4	태국	4.8
미국	79.2	러시아	2.9
태국	77.5	사우디아라비아	2.5
말레이시아	73.4	브라질	2.4
일본	63.9	미국	2.3
유로지역	61.5	싱가포르	2.3
중국	60.5	일본	2.0
싱가포르	54.3	영국	2.0

• 출처: 연합뉴스

한국은행 분석에 따르면, 가계 소비를 제약할 정도의 부채 임계 수준을 이미 초과한 대출자의 비중이 2022년 1분기 DSR(총부채원리금상환비율) 기준 6.3%, LTI(소득 대비 가계부채비율) 기준 6.6%에 달할 것으로 분석했다. 특히 저소득층(소득 하위 30%)의 DSR 임계 초과 비중(14.3%)이 중소득층(8.5%), 고소득층(4.1%)을 크게 웃돌고 있고, 20~30대 청년층 DSR 임계 초과 비중(9%)이

40대(5.6%), 50대(5.4%)보다 큰 상황이다. 저소득층과 20~30대의 과도한 가계 부채 문제가 향후 기준금리 인상과 맞물리면 소비 위축과 함께 가계 부채 폭탄의 뇌관이 될 수 있어서 더욱 철저한 위험 관리가 필요하다.

물론 반론도 존재한다. 경제 규모가 커지고 신규 분양 및 입주하는 절대 아파트 수가 늘어나는 만큼 가계 부채는 늘어날 수밖에 없고, 가계 부채 증가보다 연체나 미납을 관리하는 것이 더 중요하므로 고신용자, 고소득자보다 저신용자, 저소득자의 대출을 더 관리해야 한다는 주장이다.

틀린 말은 아니지만 집값 잡기와 가계 부채 증가를 억제해야 하는 정부 입장에서는 대출을 더욱 옥죌 수밖에 없다. 결국 쉬지 않고 오르는 집값도 잡고 가계 부채 위험 관리도 하는 두 마리 토끼인 대출 규제 풀기는 현실적으로 어렵다. 대출 규제를 풀어준다는 공약이 있었지만 가계 부채가 급증하는 상황에서 쉽사리 대출문을 열어 주기 어렵다. 아마 풀어준다면 청년, 신혼부부 등 생애 최초 주택 구입자 대상의 대출에 대한 LTV 완화 정도가 가능하지 일각에서 기대하는 전면적인 대출 규제 완화는 어렵다.

그리고 7월부터 시행 예정이던 DSR 3단계를 보류할 가능성이 있다. 이미 총대출액 2억 원 초과 시 DSR 40%가 적용되는 2단계가 2022년 1월부터 시행되고 있으며 2022년 7월부터는 총대출액 1억 원 초과로 강화되는 3단계가 시행될 예정이었다.

차주 단위 DSR 적용 대상

구분	2021년 7월 전	1단계 (2021년 7월)	2단계 (2022년 1월)	3단계 (2022년 7월)
주택 담보 대출	규제지역 9억 원 초과 주택	① 규제지역 6억 원 초과 주택	총대출액 2억 원 초과 ①+② 유지	총대출액 1억 원 초과 ①+② 유지
신용 대출	연소득 8천만 원 +1억 원 초과	② 1억 원 초과		

전면적으로 대출 규제가 완화되려면 가계 부채 증가보다 더 큰 발등의 불이 떨어져야 한다. 즉, 집값이 크게 떨어져서 경제 성장의 발목을 잡는 상황이 발생하지 않는 한 대출 규제가 풀어지기는 어렵다는 말이다.

소득이 갑자기 늘어나기 어려운 상황에서 대출 문턱이 높아지면 자기 자본(자본)과 함께 구매 능력에 큰 영향을 주는 타인 자본(부채)이 낮아지면서 주택 구매 능력은 크게 약화되어 수요 감소로 이어질 가능성이 높아진다.

07 ——————————— 하락 요인 ④

영끌의 후유증

#영끌
#2030
#주택 구매 연령
#미래 수요

2021년 부동산 시장의 키워드를 꼽으라면 '영끌'이 빠질 수 없다. '영혼까지 끌어서 모으다'의 약자인 '영끌'은 주택을 구입하기 위해 주택 담보 대출뿐만 아니라 신용 대출, 전세자금 대출, 부모 도움까지 할 수 있는 가용 수단을 다 동원해서 무리하게 주택을 구입한 경우를 말한다.

결혼을 앞둔 예비 신혼부부가 혼인 신고를 미루고 보유하고 있는 현금에다 부모로부터 받을 수 있는 돈을 지원받은 다음, 배우자 1명 명의로 구입해 주택 담보 대출을 받고, 또 다른 배우자는 전세로 들어가면서 전세자금 대출까지 받는 사상 최고의 영끌로 주택을 구입한 사례도 제법 많다.

2021년 서울에서 거래된 아파트의 42%는 20대와 30대가 매입했다. 한국부동산원 발표에 따르면, 2021년 1~8월까지 서울 아파트 매매 거래 3만 9,099건 중 30대 이하 매수가 1만 6,345건으로 전체의 41.8%를 차지했다.

서울 기준으로 2030세대 비중이 절반이 넘는 곳을 보면, 강서구 51.9%, 성동구 50.9%, 노원구 49%, 영등포구 47.3%, 관악구 47.2%, 중랑구 46.6% 정도로 비싼 강남권보다 상대적으로 진입 장벽이 낮은 비강남권으로 수요가 집중됐음을 알 수 있다.

영끌을 하더라도 서울 안에서 답을 찾지 못한 2030세대는 인천과 경기로 눈을 돌렸다. 한국부동산원 발표에 따르면, 2021년 1월부터 9월까지 경기도에서 매매된 아파트 총 15만 4,637건 중 서울 거주자가 매수한 건은 총 2만 9,207건으로 전체의 18.9%나 됐다. 경기도의 누적 아파트값 상승률은 18.92%로, 서울 아파트값 상승률(6.24%)의 3배를 웃돌았다.

특히 서울과 가깝거나 광역급행철도(GTX), 신도시 개발 등 각종 개발 호재가 있는 지역, 또는 상대적으로 집값이 싼 수도권에 서울 거주자의 원정 투자까지 늘어났다. 강세지역이 아니었던 의왕이 2021년 누적 상승률 1위를 기록했고 시흥, 군포, 안양, 남양주, 의정부, 동두천, 오산, 평택, 안성 등도 크게 상승했다. 수도권에서 약세지역으로 평가받던 인천도 2020~2021년에 무섭게 올라 1년 만에 2배가 오른 아파트를 흔하게 찾아볼 수 있었다. 서울에 토지거래허가구역 지정 등 고강도 규제를 하자 서울의 외곽지역까지 아파트값이 상승하면서 상대적으로 가격대가 낮고 규제가 덜한 수도권으로 매수 수요가 몰린 것이다.

끊임없는 집값 상승에 위기감을 느낀 2030세대가 추격 매수를 한 것인데 사실 2030세대들은 주택 구매 연령층이 아니다. 일반적인 주택 구매 연령층은 40세에서 69세이므로 2030세대의 주택 구입이 늘어났다는 것은 이례적인 현상이다.

전세 등 임대 형식으로 거주하면서 종잣돈을 더 모으는 단계인 2030세대가 무리해서라도 주택 구입에 나선 것은 주택 가격 상승이 가팔라지자 나 혼자 소외되고 뒤처질 것 같은 공포, 이른바 FOMO(Fear Of Missing Out) 현상 때문이다. 10년 후에 주택을 구입해도 늦지 않는 2030세대가 상대적인 박탈감과 벼락 거지가 될 것 같은 두려움, 지금 아니면 영원히 집을 사지 못할 것이라는 공포가 엄습하면서 더 늦기 전에 집을 사자로 돌아섰다고 볼 수 있다. 결국 10년 후에 주택을 구매할 미래 수요가 시기를 미리 당겨서 무리하게 주택을 구입한 것이다. 이른바 쥐어짜서 미리 주택을 구입한 수요가 많아 향후 주택 시장의 부담으로 작용할 가능성이 높다.

집값이 계속 올라가면 그나마 다행이다. 그런데 하락으로 전환되고 대출금리가 오르면 무리하게 주택을 영끌해 구입한 2030세대는 상당히 어려운 상황에 직면할 가능성을 배제할 수 없다. 집값을 제때 잡지 못한 정부도 책임에서 자유롭지 못한 만큼 영끌 후유증을 최소화할 수 있도록 저금리 상품으로 전환을 유도하는 등 대책을 마련할 필요가 있다.

영끌을 한 2030세대인데 신용 대출이 있다면 기회가 될 때 우선적으로 상환한다. 지금이라도 내 집 마련을 하려고 한다면 신용 대출을 제외하고 자금 계획을 세운 다음, 막연히 지금 사면 안 될 것 같다는 불안감에 휩쓸리지 말고 집이 필요하다고 판단됐을 때 구입하는 게 좋겠다.

08

부동산 정책은
대통령이 결정하지 않는다

#부동산 정책 메커니즘
#왜곡인지
#시차 효과

2022년 부동산 시장을 예상하면서 가장 많은 사람이 손꼽는 변수는 당연히 새 정부의 부동산 정책이다. 부동산 규제 일변도의 정책을 시행했던 문재인 정부의 바통을 이어받았지만 새 대통령은 공약에서 규제 완화 시그널을 주었기 때문에 기대감이 있다. 그런데 과연 시장의 다주택자들이 기대하는 것처럼 전면적인 규제 완화가 이뤄질까?

전면적인 규제 완화가 되지는 않을 것이다. 야당 후보 시절에는 규제 일변도의 문재인 정부의 부동산 정책을 뒤집겠다고 공언할 수 있다. 그런데 막상 내가 집권해서 내가 국정을 책임져야 하는 상황이 되면 다른 입장이 된다. 어느 대통령이든 부동산 정책의 우선 목표는 경제와 서민 주거 안정이기 때문이다.

많은 사람이 진보 성향의 대통령이 되면 부동산 규제를 강화하고, 보수 성향의 대통령이 되면 규제를 완화해준다고 생각하는데 그건 착각이다. 노무현 정부와 문재인 정부가 규제를 했고, 이명박 정부와 박근혜 정부가 규제를 풀어줘서 착각했을 수 있다. 그러나 사실은 부동산 시장 상황이 그런 정책을 하게 만들었다. 집값이 오르는데 규제를 안 할 수 있겠는가? 반대로 집값이 떨어지는데 규제를 안 풀고 방법이 있겠는가?

규제를 가장 잘한 대통령은 아이러니하게 군부 출신 노태우 전 대통령이다. 1기 신도시 등 200만 호 건설과 함께 강한 규제 정책으로 집값을 빠르게 잡았기 때문이다.

토지공개념 말만 나오면 사회주의 정책이라는 비판의 목소리가 나오는데 과거 토지공개념을 시행한 대통령이 노태우 전 대통령이었고 토지공개념을 풀어준 대통령이 민주주의 아버지 김대중 전 대통령이었다. 88올림픽 이후 집값이 급등하니 규제를 했고, 외환위기로 경제와 집값이 폭락하니 모든 규제를 풀었다. 이념보다는 부동산 시장 상황이 정책의 우선순위라는 말이다.

부동산 정책은 다음 페이지의 그림에서 보듯이 부동산 시장의 흐름에 따라 결정된다. 부동산 규제를 강화하는 대책이 발표되면 부동산 시장의 흐름이 상한 기준선을 넘어 오버슈팅(Overshooting)을 하면서 과열됐다는 의미로 볼 수 있다. 부동산 규

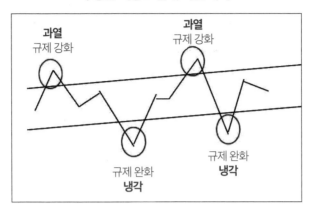

부동산 시장 흐름에 따른 대책

과열
규제 강화

과열
규제 강화

규제 완화
냉각

규제 완화
냉각

제를 완화하는 대책이 발표되면 부동산 시장의 흐름이 하한 기준선 아래로 내려와 언더슈팅(Undershooting)을 하면서 냉각됐다는 의미로 볼 수 있다.

새 정부의 부동산 정책은 공약과 달리 규제 완화의 폭은 제한적일 것이다. 주택 시장의 흐름이 하락으로 깊어져 적극적인 부양이 필요한 상황이 아니고 상한 기준선과 하한 기준선 사이에서 약보합세를 유지하고 있다면 전면적인 규제 완화보다는 부동산 시장 안정이나 실수요자 보호를 위한 일부 조정 정도만 할 것으로 보인다.

시장에 매물이 나오게 하려고 한시적으로 다주택자 양도세 중과 면제, 1세대 1주택 종합부동산세 부담 완화, 공시 가격 속도 조절 정도를 할 것이다. 다주택자를 압박하기 위해 시행한 다주택 양도세 중과는 출구를 막아버리면서 시장에 매물이 나오지 않는 매물 동결 현상을 심화시켰고, 그 결과 상대적 공급의 부족으로 집값을 급등시키는 원인을 제공했다. 종합부동산세 강화는 세입자한테 세 부담을 전가해 전세 및 월세 가격 상승을 일으켜 서민 주거 안정을 해치고 있다.

부동산 시장 정상화를 위해 이런 왜곡된 정책은 바로잡겠지만 전면적인 규제 완화를 당장 시행하기는 어려워 보인다. 섣부른 규제 완화로 주택 시장을 자극해 다시 폭등시킨다면 그 부담은 오로지 대통령 몫이기 때문이다. 혹시라도 집값이 크게 떨어지면 부양이 필요한 상황이 되어 그때야 비로소 문재인 정부에서 5년 동안 묶은 규제가 전면적으로 풀릴 것이다.

이런 부동산 정책의 메커니즘을 잘 이해하면 부동산 대책을 통해서 현재 부동산 시장이 과열인지 냉각인지, 저점인지 고점인지를 판단하는 데 도움이 된다. 부동산 대책이 발표되면 뉴스만 보지 말고 배포되는 보도자료를 꼼꼼하게 읽어봐야 하는 이유다(참고로, 부동산 대책 관련 보도자료는 국토교통부 홈페이지에서 다운받을 수 있다).

2017년 8·2 대책에서 서울 전 지역을 규제지역으로 묶은 이유는 서울 부동산의 과열이 시작됐기 때문이다. 2020년 12·17 대책에서 포항, 경산, 천안, 여수, 순천 등이 규제지역에 포함된 것을 보면 집값의 과열 바람이 수도권을 넘어 지방 중소도시로 번졌

음을 알 수 있다. 2013년 박근혜 정부 시절에 양도세 한시적 면제 특례 혜택 등 엄청난 규제 완화 대책이 나왔다는 것은 당시 부동산 시장이 얼마나 침체됐는지를 알 수 있다. 이렇듯 부동산 대책이 발표된다는 것은 정부가 개입할 정도로 부동산 시장의 흐름이 과열 또는 냉각됐음을 의미한다. 이 부동산 대책이 주는 시그널을 읽으면 주택 매수 또는 매도 타이밍을 잡는 데 도움이 된다.

사람들은 규제 대책이 나와도 집값이 더 오를 것이라고 유리하게 해석하는 왜곡인지를 하므로 대책의 시차 효과를 감안해서 부동산 대책이 발표되고 3년 정도 지난 후에 타이밍을 잡는 것이 좋다. 즉, 규제 대책이 발표되었으니 고점이라 생각하고 바로 매도하지 말고 3년 정도는 기다린 후 시장 상황을 보고 매도 타이밍을 잡아야 하고, 규제를 풀어주는 대책이 발표되더라도 3년은 지난 후 들어가는 것이 좋겠다. 참고로, 가장 강력한 규제 카드는 대출 규제, 양도세와 종합부동산세 중과, 투기과열지구 및 토지거래허가구역 지정 등이고, 정부가 풀어줄 수 있는 최고 규제 완화 카드는 5년간 양도세 면제 등 양도세 특례, 대출 완화 등이다.

혹시라도 향후 부동산 시장이 다시 침체되어 거래 활성화를 위한 양도세 특례나 대출 규제를 풀어주는 대책이 나오면 시장 분위기가 좋지 않더라도 저가 매수의 기회로 적극 활용하는 게 좋다.

09

보합 요인 ②

하락에도 시간이 필요하다

#하방 경직성
#계단 현상
#2025~2030년

2022년 2월 대선을 앞두고 주택 시장 거래량이 줄고 관련 통계가 약세로 나오자 '집값이 드디어 떨어지는가?'와 관련된 논란이 있었다. 아파트 매매 실거래가 지수가 2년 7개월 만에 하락했고 매매 수급 지수 역시 86으로 떨어졌으며 투자 심리의 바로미터라는 경매 낙찰가율도 70%에서 50% 이하로 떨어졌기 때문이다. 참고로, 매매 수급 지수가 100 이하로 떨어지면 살 사람보다 팔 사람이 많다는 의미다.

당시 정부는 집값이 안정됐다며 안도의 한숨을 쉬었는데 5년 동안 2~3배 상승한 집값의 상승이 둔화된 것을 안정이라고 하는 게 맞을까? 실제 현장에 나가보면 실수요자가 원하는 수준의 급매

3장 새 정부의 부동산 시장을 전망한다　　　168

물은 찾아보기 어렵다. 실제 2~3억 원이 떨어진 아파트도 있다. 그런데 2021년에 과도하게 상승했다가 조정을 한 경우, 동이나 층에 따른 가격 차이를 포함하고 있어 착시 현상을 주는 경우가 많았다.

집값은 오를 때는 빨리 오르지만 내릴 때는 빨리 떨어지지 않는 하방 경직성이 있다. 우리나라 아파트의 가치는 토지와 건물 가치로 평가하는 원가법과 임대수익률로 환산해 평가하는 수익환원법을 적용하지 않고 주변 거래 시세를 반영하는 비교 거래 사례법을 사용한다. 주변 시세 상승분은 빨리 반영하는 반면, 하락분은 최대한 늦게 반영하려는 심리의 왜곡인지가 작동한다. 또한, 전세 가격이라는 든든한 버팀목이 있어서 떨어지더라도 집값의 70% 이하로 잘 떨어지지는 않는다. 2010~2012년에 집값이 크게 하락한 주택의 특징은 전세가율이 터무니없이 낮은 재건축 및 재개발 정비 사업 관련 물건이 많았다.

기준금리 인상, 대출 규제, 과도한 상승에 대한 피로감으로 인해 폭등하는 대세 상승이 되기는 어렵지만 입주 물량 부족, 새 정부의 부동산 정책 방향, 규제 완화 폭과 속도에 따라 반등 가능성도 배제할 수 없다. 2022년에 조정이 되더라도 10% 수준이라는 의견이 시장에는 꽤 많다. 그렇다면 집값이 영원히 떨어지지 않고 몇 년 동안 3배 상승한 가격이 그대로 고착화하는 것일까?

집값이 오를 때도 시간이 필요하지만 떨어질 때도 시간이 필요하다. 2012년에 주택 시장이 침체를 겪자 2013년에 5년간 양도세 면제라는 파격적인 양도세 특례 혜택을 줬지만 주택 시장의 본격적인 상승은 2016년이 넘어서야 가능했다. 또한, 내릴 때도 일반적인 하락이 아니라 계단식 흐름을 보인다(오를 때도 마찬가지다).

다음 그림은 2003년부터 2014년까지 부동산 시장의 흐름과 주요 대책을 나타낸 그래프다.

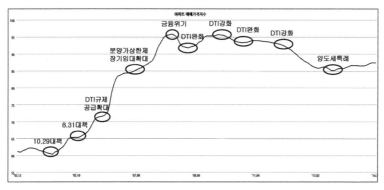

· 출처: 한국부동산원

노무현 정부 시절인 2003년에서 2007년까지 상승기 때를 보자. 10·29 대책이 발표되자 잠시 주춤했다가 다시 상승했고 8·31 대책이 나오자 숨 고르기를 한 후 다시 상승하는 등 4번의 계단 현상을 거치면서 올랐다.

2008년에서 2014년까지 침체기 때를 보자. 2008년 글로벌 금융위기 여파로 일시적 큰 폭의 하락은 예외로 보더라도 4번의 DTI 대출 규제에 따라 일시적 반등과 하락을 3번 정도 반복하다가 큰 폭의 하락을 기록했다.

투자 심리는 이렇다. 집값이 떨어지는 과정도 3년 정도에 걸쳐 여러 번의 계단 현상이 발생하면서 조정되다가 마지막 단계에 조금 크게 하락할 수 있다. 미래는 신의 영역인지라 모든 매수자가 각자의 성향과 판단에 따라 움직인다. 조정되면 반드시 '이 정도 조정이면 괜찮다'라고 판단한 매수 대기자들이 유입되면서 일시적 반등이 생긴다. 여기서 매수세가 계속 늘어나면 대세 상승이 될 수 있다. 그런데 어느 정도 거래가 이뤄진 후에 불안감이 확산하면 매수세가 끊기고 다시 조정이 발생한다. 이런 줄다리기를 3번 정도 거치고 나면 '아, 이제는 정말 떨어지겠구나'라는 심리가 확산되면서 흐름이 꺾이고 3년 차 정도가 되면 하락 폭이 확대된다.

공교롭게도 집값 잡으려고 발표한 신도시가 집값이 오를 때는 계획 준비단계에 있어 시장에 별다른 효과를 내지 못하다가 집값이 떨어질 때가 되면 입주 물량으로 쏟아지면서 집값 하락을 부추길 수도 있다. 그래서 3기 신도시 입주 물량이 나오기 시작하는 2025~2030년 사이가 주택 시장의 본격적인 조정 시기가 될 가능성이 높다. 주택 구입을 하지 못했거나 추가 구입을 하려는 수요자들은 이 시기를 적극적으로 활용하는 게 좋다.

실수요자지만 그래도 집값이 떨어지면 어떻게 하지 걱정하는 사람이라도 너무 걱정하지는 말자. 따지고 보면 7년 동안 3배 상승하고 3년 동안 30% 정도 조정받는 것은 당연한 현상이니까 말이다. 필요해서 샀는데 집값이 떨어진다고 스트레스를 받지 말

자. 잘 살면서 기다리면 된다. 위험 관리만 된다면 실수요자는 단기 흐름에 너무 일희일비할 필요가 없다.

10

수요와 공급의 심리 밸런스

#수요와 공급 밸런스
#2012년 급락
#2021년 급등

2012년과 2021년을 비교하면서 의아해하는 사람이 많다. 주택 거래량은 줄어들고 입주 물량도 부족했는데 왜 2012년에는 집값이 떨어졌고 2021년에는 올랐을까?

충분한 주택 거래량이 뒷받침되면서 가격이 오르거나 내리는 것이 부동산 시장의 정상적인 흐름이지만 부동산 정책으로 인해 왜곡이 되고 부동산 소비자들의 심리에 영향을 주면 주택 거래량은 줄어든다.

"집값이 안 올라도 좋아요. 떨어지지만 않았으면 좋겠어요."

이렇게 말하는 사람이 있는데 솔직하지 못한 거짓말이다. 가격이 떨어지지 않고 안정적으로 거주할 수 있는 최적의 집은 전셋

집이다. 세금도 안 내고 집값 떨어질 걱정도 없는 전셋집에 거주하면 되지 굳이 안 떨어질 집을 살 필요는 없다. 우리 모두 집을 산다는 의미 속에는 많이 오르든, 인플레이션 방어할 정도 오르든 집값이 올라가길 원하는 마음이 녹아 들어있다.

2012년 때를 보자. 주택 시장이 꽁꽁 얼어붙어 침체된 상황에서 집값이 더 떨어진다는 생각이 팽배해 있었다. 지금이 바닥이겠지 싶어 2010년, 2011년에 주택을 산 사람들이 더 떨어지는 집값을 보면서 아연실색하는 동안 주택 구입을 계획했던 사람들은 지금이 바닥이 아니라 더 떨어질 것 같은 공포감에 감히 나서지 않았다. 수요가 급감한 것이다. 반면, 바닥을 뚫고 내려가는 집값 하락에 더 이상 기다리지 못하는 집주인들 사이에 지금이라도 팔아야 한다는 심리가 확산되면서 매물이 쌓였다. 공급이 증가한 것이다.

수요보다 공급이 늘어나니 당연히 주택 가격은 하락할 수밖에 없다. 입주 물량인 절대 공급은 줄었지만 집주인들이 내놓는 매물이 늘어나면서 상대 공급이 늘어났다. 반면, 인구 변화는 큰 차이가 없었으니 절대 수요에는 큰 변화가 없었지만 투자 심리가 급격히 위축되면서 상대 수요가 크게 줄어들었다.

주택 가격은 수요와 공급의 밸런스가 어디로 기울어지느냐에 따라 상승과 하락이 결정된다. 입주 물량인 절대 공급도 중요하지만 집주인들이 팔자로 돌아서면서 시장에 내놓는 상대 공급도 매우 중요하다.

이번에는 2021년 상황을 보자. 2021년에는 입주 물량도 부족하고 주택 거래량도 줄어들었는데도 2012년 때와 달리 집값이 올랐다.

집주인들은 종합부동산세 부담 때문에 팔고 싶어도 다주택자 양도세 중과에 막혀 팔지 못하게 되자 '일단 버티자'로 돌아섰다. 이렇게 시장에 매물이 나오지 않자 공급이 급감했다. 양도차익이 10억 원이면 7억 원 이상을 세금으로 내고 3억 원만 손에 쥘 수 있는데 팔 사람이 얼마나 있겠는가? 반면, 수요는 불안했다. 이제 고점이겠지 싶었는데 또 오르는 집값을 보면서 이러다가 영원히 집을 사지 못하겠다는 불안감과 상대적 박탈감에 무리해서라도 집을 사려고 뛰어들자 시장에는 수요가 공급을 넘어섰다.

공급이 10개에서 1개로 줄어들고, 수요가 10개에서 2개로 줄어들어도 수요가 공급을 초과하니 집값은 오른다. 주택 거래량이 줄어들었다고 집값이 떨어진다고 생각하면 오산이다. 그래서 한시적으로도 좋으니 다주택자에 대한 양도세 중과 면제가 필요하다고 그렇게 많은 전문가가 주장했는데도 당시 정부는 다주택자 양도세 중과를 5년 내내 고집하면서 공급을 급감시키는 결과를 낳았다. 수요가 줄었지만 공급이 더 줄면서 수요와 공급 밸런스가 붕괴된 것이다.

2022년에 집값이 크게 오르거나 내리려면 수요와 공급의 밸런스가 완전히 무너져야 한다. 집값이 많이 오르려면 불안감을 느낀 매수자들이 '도저히 안 되겠다. 무리해서라도 집을 사자'라는 수요 심리가 확산되면서 수요가 공급을 월등히 초과해야 하지만 기준금리 인상 속도가 너무 빠르고 대출 규제 강화로 주택 구매력이 떨어지고 있으며 소득 대비 지나치게 올라버린 집값의 장벽이 너무 높다.

집값이 크게 떨어지려면 불안감을 느낀 매도자들이 지금 안 팔면 집값이 더 떨어질 것 같아 너도나도 빨리 팔자는 심리가 확산되면서 공급이 수요를 월등히 넘어서야 한다. 하지만 집값 불패의 신화, 새 정부의 규제 완화에 대한 기대감, 입주 물량 부족, 3기 신도시 토지 보상금 등의 영향으로 '당장 사자'는 아니지만 '아직은 기다려보자'라는 투자 심리가 죽지 않고 살아있다.

여러 변수에 따라 일시적 반등과 하락의 등락은 있겠지만 단기간에 다시 대세 상승으로 돌아서거나 폭락장으로 전환될 가능성은 낮다. 완전한 상승 또는 하락으로 전환되는데 3년 정도의 시간이 필요한 점을 감안하면 2025년까지 기준금리가 얼마나 올라가 있을지, 새 정부의 부동산 정책이 어떻게 나올지, 2025년 이후 입주 물량이 얼마나 쏟아져 나올지에 따라 본격 하락장으로 가느냐가 결정될 것이다. 아직은 준비할 시간이 충분한 만큼 지나친 낙관도 하지 말고 너무 불안해하지도 말자. 흐르는 강물처럼 부동산 시장의 흐름에 몸을 맡기고 충분히 대응하면서 준비한다면 걱정할 필요는 전혀 없다.

5년 동안 주목해야 할 부동산 키워드

최장, 그리고 최고로 상승한 집값에 대한 피로감에다 금리는 오르고
대출 규제는 강화되자 투자 심리가 많이 위축됐다. 그러자 주택 시
장 분위기가 2018~2021년 급등 시기와는 사뭇 다른 상황이다.
하지만 하늘이 무너져도 솟아날 구멍은 있듯이 미래에 대한 불확실
성과 주택 가격 하락에 대한 부담 속에서도 개발 재료가 더해지면서
상승 여력이 높아 기대감이 큰 지역이나 단지 중심으로는 투자의 기
회가 있다. 특히 새 대통령의 부동산 공약 속에 있는 개발 재료를 바
탕으로 기회가 될 수 있는 숨어 있는 보물을 찾아보자.

01

3기 신도시 기회를 잡아라

#3기 신도시
#사전 청약

치솟는 서울 및 수도권 집값을 잡기 위한 특단의 공급 대책으로 등장한 3기 신도시! 3기 신도시는 주택 마련을 하지 못한 무주택 실수요자에게 한 줄기 빛과 같은 희망이다.

문재인 정부에서 많은 공급계획이 발표됐고 새 정부에서도 대규모로 주택 공급을 하겠다고 하지만 변수가 많고, 특히 주택 시장 분위기가 침체되면 주택 공급 관련 계획들은 대폭 수정이 될 수밖에 없다. 하지만 3기 신도시는 그대로 진행이 될 가능성이 높다.

계획이 잡히고 토지 보상까지 들어가면 현실적으로 되돌리기 어렵다. 그리고 토지 소유자들과 분쟁이 빈번한 도심 정비 사업과 달리 신도시 개발 사업은 토지 보상을 해주고 수용된 토지에

LH가 일사천리로 토지 구획 정리 사업을 한 다음, 건설사들이 계획에 따라 짓기 시작하면 된다. 계획보다 2~3년 정도 늦어질 수는 있지만 사업이 취소되지 않고 시장에 입주 물량으로 나온다.

3기 신도시는 규모가 7,000호로 작은 과천을 제외하면 남양주 왕숙, 하남 교산, 인천 계양, 고양 창릉, 부천 대장, 광명 시흥 등 6개 지구에 25만 호 정도 물량으로 계획되어 있다.

3기 신도시 개요

구분	과천 과천	남양주 왕숙	하남 교산	인천 계양	고양 창릉	부천 대장	광명 시흥
면적(㎡)	155만	1,134만	649만	335만	813만	343만	1,271만
호(세대)	7천	6만 6천	3만 2천	1만 7천	3만 8천	2만	7만

2기 신도시보다 서울 접근성이 훨씬 더 좋다. '인 서울'이면 당연히 좋겠지만 3기 신도시 정도면 서울에 대한 아쉬움을 씻어내기에 충분하다. 가격 대비 성능을 따지는 가성비도 최고다. 입지, 교통, 학군, 편의시설, 새 아파트 등 갖춰야 할 좋은 요소는 다 갖추면서 가격까지 착한 3기 신도시는 놓치면 안 되는 마지막 기회다.

다음 페이지의 표는 2021년 사전 청약 때 나온 3기 신도시 추정 분양가인데 3.3㎡당 1,400~1,900만 원 정도로 2기 신도시 새 아파트 시세와 비교하면 상당히 메리트 있는 수준이다. 3기 신도시, 놓치면 후회할 가능성이 매우 높다. 절대 놓치지 말자.

2021년 사전 청약 3기 신도시 추정 분양가

구분	인천 계양	남양주 왕숙	부천 대장	고양 창릉	하남 교산
공급 물량	302호	2,352호	1,863호	1,697호	1,056호
59m² 추정 분양가	3억 3,913만 원	3억 7,715만 원	4억 355만 원	4억 7,957만 원	4억 8,595만 원
3.3m²당 분양가	1,411만 원	1,469만 원	1,675만 원	1,906만 원	1,855만 원

2021년 8월에 발표한 의왕·군포·안산, 화성 진안, 인천 구월, 화성 봉담3, 남양주 진건, 양주 장흥, 구리 교문 등 수도권 12만 호와 대전, 세종 등 2만 호 등의 추가 신도시는 상대적으로 입지 선호도가 낮고 늦게 발표된 만큼 향후 주택 시장 분위기에 따라서 제대로 추진되지 않을 가능성이 높아 큰 의미를 부여하고 싶지는 않다.

3기 신도시 청약을 통한 내 집 마련을 생각하는 실수요자라면 인천 계양, 부천 대장, 남양주 왕숙, 하남 교산, 고양 창릉 중에서 정하면 좋겠다. 하나 더 추가한다면, 2021년 2월에 발표한 광명 시흥신도시까지는 생각해도 좋을 것 같다. 물론 광명 시흥신도시는 앞서 추진하고 있는 인천 계양 등 5개 신도시에 비해 늦게 발표됐고 아직 시작도 하지 못한 점을 감안하면 추진 가능성은 반반이다. 추진하더라도 앞선 3기 신도시보다 3~5년 정도는 더 늦어질 것이다.

3기 신도시 도전의 첫 관문은 사전 청약이다. 사전 청약은 무주택 실수요자의 내 집 마련 기회를 앞당기고 수도권 청약 대기 수요 해소를 목적으로 본 청약에 앞서 미리 청약하는 기회를 주는 제도다. 사전 청약에 당첨되면 본 청약 당첨과 같은 효력이 발생한다. 사전 청약에 당첨됐다고 바로 계약하는 것은 아니다. 2~3년 후에 본 청약 결과가 나오면 그때 본 청약 당첨자들과 같이 안내에 따라 계약금을 내고 계약하면 된다.

모든 사전 청약의 신청 자격은 사전 청약 입주자 모집공고 시점을 기준으로 심사한다. 현재 거주 중인 지역에 신청할 경우 거주 기간은 본 청약 입주자 모집공고일까지 충족하면 된다.

공공 분양의 경우 사전 청약에 당첨된 후 또 다른 사전 청약을 하면 안 되지만 다른 지구의 본 청약은 해도 된다. 예를 들어 교산신도시의 사전 청약에 당첨됐는데 창릉신도시 본 청약에 또 당첨되면 사전 청약은 자동 포기한 것이 된다. 여기서 주의할 점이 있다. 민간 분양의 사전 청약 당첨자는 본 청약도 하면 안 된다.

2021년 1~4차 사전 청약을 통해 공공택지 3만 호가 주인을 먼저 찾았고(3기 신도시 포함) 2022년에 사전 청약 7만 호 정도가 새로운 주인을 기다리고 있다.

눈여겨보고 있다가 사전 청약 뉴스가 나오면 사전 청약 홈페이지(사전청약.kr)를 통해 자격 요건, 타입과 추정 분양가, 청약 일정 등 필요한 정보를 확인한 후에 청약 도전을 하면 된다. 참고로, 필요한 모든 정보는 입주자 모집공고에 다 나오는 만큼 홈페이지에서 다운로드를 받아 커피 한잔하면서 꼼꼼하게 체크해보기 바란다.

사전 청약의 당첨 확률을 높이려면 해당 지역 거주자에게

구분	1분기	2분기	3분기	4분기	합계
공공 분양	3,200	5,100	7,200	16,500	32,000
민간 분양	12,000	6,000	4,000	16,000	38,000
총계	15,200	11,100	11,200	32,500	70,000

• 주: 단위는 호

우선 물량을 배정해주는 거주자 우선제도를 적극적으로 활용한다. 고양시 거주자라면 창릉신도시가, 남양주시 거주자라면 왕숙신도시가 유리할 것이다. 경쟁률이 수십 대 1이 나올 정도로 인기가 높으므로 한 번 떨어지더라도 실망하지 말고 계속 도전하는 것이 좋겠다. 혹시라도 사전 청약에 계속 떨어졌다고 해도 실망할 필요가 없다. 2023~2025년 사이에 본 청약이 시작되면 엄청난 분양 물량이 쏟아질 것이기 때문이다.

설사 본 청약에도 떨어지거나 청약 기회조차 잡지 못해도 기죽을 필요는 없다. 금리 인상과 입주 물량 증가로 2025년 이후 수도권 주택 시장의 분위기가 침체될 경우 청약 경쟁률이 낮아지면서 미분양이 발생하기도 하고 P(프리미엄)도 낮아진 분양권 매물이 나올 가능성이 높기 때문이다.

분양권 전매인데 거래가 가능하냐고? 주택 시장이 침체되면 분양권 규제부터 풀리기 때문에 혹시라도 2025~2030년 사이에 주택 시장 침체기가 올 경우 오히려 기회가 될 수도 있다.

02

청약, 이렇게 해야 성공한다

\# 청약통장
\#거주자 우선
\#특별 공급
\#꾸준한 도전
\#종잣돈 마련

사전 청약을 비롯해 청약은 무주택 실수요자들이 부족한 자금으로 내 집 마련을 할 수 있는 최선의 방법이다.

문제는 '당첨이 쉽지 않다'이다. 특히 인기가 높은 3기 신도시는 더욱 어렵다. 민영주택의 경우 가점점수가 아주 높거나 공공주택의 경우 납입금액이 아주 많지 않으면 내 마음에 들고 모두가 좋다는 곳에 청약해봤자 거의 김칫국이다.

3기 신도시의 첫 사전 청약지구였던 인천 계양의 84㎡가 무려 381대 1의 엄청난 경쟁률을 기록했고 당첨 커트라인은 84㎡ 일반 공급이 2,400만 원이었다. 공공 분양의 일반 공급은 납입금액으로 커트라인을 결정하는데 2,400만 원이라고 하면 매월 10만 원씩 20년을 납입한 사람이 당첨됐다는 말이다. 그렇다고 '아, 나는 안 되겠구나' 하며 낙심하고 포기하지는 말자. 급히 먹은 떡이 체한다고 차근차근 준비하면 내 집 마련의 꿈은 반드시 이뤄진다.

① **청약통장부터 만들기** 청약통장이 없다면 지금이라도 빨리 은행에 가서 주택청약종합저축에 가입해 매월 10만 원씩 꾸준히 납입하기 바란다. 공공 분양의 일반 공급과 관련해서는 매월 10만 원씩 꾸준히 납입해 납입금액이 높을수록 유리하기 때문이다. 가입 후 1년이 지나야 1순위가 되고 투기과열지구, 조정대상지역은 2년 이상 지나야 하지만 시간은 충분하다.

미래의 청약 기회를 만들 수 있고 약정 이율이 낮지 않으며 연 7,000만 원 이하 무주택자들은 연말 소득 공제 혜택까지 받을 수 있으니 만들지 않을 이유가 없다.

② **가점점수, 미리 준비** 민영 분양의 일반 공급은 청약가점제 대상으로 무주택 기간, 부양가족, 통장 가입 기간 등으로 점수를 산정해 커트라인을 결정한다. 청약하려고 하는데 갑자기 가점점수를 올리려고 하면 답이 나오지 않는다. 청약통장을 빨리 만드는 것이 유리한 이유다.

무주택 기간은 만 30세 이상부터 산정되며 주택을 한 번 소유하면 다시 무주택자가 되는 시점부터 계산되기 때문에 가급적이면 무주택자 신분을 유지하는 게 좋다. 3기 신도시의 주인공이 될 수 있는 자녀 명의로 경쟁력 없는 주택을 구입하면 무주택자 자격을 상실할 수 있으니 주의한다. 투기과열지구, 조정대상지역(청약과열지역)에 당첨된 경우 지역과 면적에 따라 1~5년 동안 1~2순위 청약이 제한되는 재당첨 제한과 과거 5년 이내 다른 주택이 당첨된 경우 1순위 청약을 제한하는 1순위 청약 제한 등 청약 규제 대상이 되기 때문이다.

부양가족에서는 직계존속(부모, 배우자 부모 포함)의 등재가 가장 중요하다. 배우자, 자녀는 손을 쓴다고 늘어나거나 줄어들 수 없지만 부모의 경우 3년 이상 계속 동일한 주민등록상에 등재되면 부양가족 점수에 인정된다. 3년이라는 시간 조건 때문에 미리 등재를 해야 한다. 만 40세 이상 미혼 자녀는 입주자 모집공고일 기준으로 1년 이상 계속 동일한 주택 등록상에 등재해야 인정된다.

③ 특별 공급은 기회 청약가점(민영)이나 납입금액(공공)으로 경쟁하는 일반 분양 외 특별 공급 물량에 적극적으로 도전해보는 것도 좋다. 신혼부부, 생애 최초, 다자녀 등 다양한 특별 공급 기회가 있다. 한국부동산원 청약홈(www.applyhome.co.kr)이나 인터넷 검색 등을 통해 내게 해당하는 특별 공급과 조건을 미리 확인한 다음, 자격을 잃지 않거나 조건을 더 유리하게 할 수 있도록 잘 관리하다가 3기 신도시에 청약할 때 특별 공급과 일반 공급 모두 도전해 당첨 확률을 올리는 전략도 필요하다.

④ 당첨 확률을 올려주는 거주자 우선 거주자 우선은 해당 지역 거주자에게 청약 관련해 우선권을 주는 제도다. 경기도 신도시의

경우 해당 지역 거주자에게 30%를 우선 공급하고 20%를 해당 지역 및 경기도민에게, 나머지 50%를 경기도민을 포함한 수도권 거주자에게 공급해주게 되어 있다. 예를 들어, 고양 창릉의 경우 물량 30%는 고양시 거주자에게, 20%는 고양시와 경기도민에게, 나머지 50%는 고양시, 경기도, 인천, 서울 거주자에게 기회가 돌아가게 된다. 고양시 거주자의 당첨 가능성이 매우 높아지게 된다.

투기과열지구라면 1년 이상 거주해야 하고 신도시라면 시도지사가 정하는데 통상적으로 1년 이상 거주하면 되므로 되도록 미리 주소를 청약 목표로 정한 지역에 옮겨 두는 게 좋겠다.

⑤ **계약금 정도의 종잣돈 마련** 3기 신도시의 사전 청약 추정 분양가를 보면 3.3㎡당 1,400~1,900만 원 정도로 주변 택지지구의 새 아파트 시세 대비 60~80% 정도 저렴하다. 하지만 분양 가격이 얼마가 되든 분양 가격의 10% 정도에 해당하는 계약금 정도의 종잣돈은 미리 준비해놓고 있어야 한다. 그렇다고 딱 계약금만 준비하라는 말은 아니다. 대출 정책에 따라 중도금 대출이 언제 어떻게 규제가 될지 모르는 상황이므로 본 청약까지 3년 이상의 시간이 남아 있는 만큼 3기 신도시 청약을 생각한다면 허리띠 졸라매고 종잣돈부터 마련하자.

⑥ **꾸준한 도전만이 성공의 지름길** 청약 한 번 했는데 떨어져서는 '난 안 되는구나'라고 생각하는 사람이 의외로 많다. 인기지역 청약은 경쟁률이 높은 만큼 가점점수가 엄청 높지 않다면 운도 따

라줘야 해서 현실적으로 당첨 가능성이 높지 않다. 당연히 떨어질 가능성이 더 높은 만큼 특정 아파트 하나만 찍고 오매불망 기다리기보다는 목표로 정한 신도시가 있다면 첫 시범단지 분양부터 지속적으로 청약 도전을 하는 게 좋다. 포기하지 않아야 한다.

⑦ **청약 자격이 안 된다고 실망하지 않기** 규제가 누적된 현재 상황에서는 무주택 세대주가 아니라면 당첨 가능성이 높지 않다. 하지만 피치 못할 사정으로 1주택자가 된 사람이라도 실망하지 말고 전용면적 85㎡ 초과 추첨 물량에 청약 도전을 해보자. 추첨 물량에 60번 청약 도전을 해서 당첨된 1주택자도 봤다.

또한, 부동산 시장의 분위기가 침체되면 청약 경쟁률이 낮아지면서 입지가 좋은 시범단지에도 미분양이 발생할 수 있으므로 유주택자도 포기하지 말고 기회를 노려보자.

03

3기 신도시만 있나? 우리도 있다

#서울 공공택지
#수도권 공공택지

정부도 그렇고, 뉴스도 그렇고 사람들 대부분이 3기 신도시만 외치고 있다. 당연히 교통, 편의시설 등이 잘 갖춰진 새 아파트 단지인 3기 신도시 경쟁률은 높아질 것이다. 그런데 정부의 공급계획을 면밀하게 살펴보면 3기 신도시 물량은 25만 호밖에 되지 않음을 알 수 있다. 3기 신도시 외 많이 알려지지 않는 중소 규모의 택지가 많이 있다.

문재인 정부 때 12만 호가 넘는 공공택지 물량이 소리소문 없이 발굴됐다. 도시공원으로 결정됐으나 재원 부족 등의 이유로 오랫동안 방치된 장기 미집행 공원 부지, 도심 내 이전 예정인 군부대 유휴 부지, 도심 내 국공유지 등을 활용하고 노후한 저층 공공시설을 새롭게 공공시설과 공공주택으로 복합 개발해 12만 호가 넘는 주택을 공급할 계획을 세웠다. 서울에만 62곳, 3만 9,519호나 된다. 물론 모두 주택으로 개발되지 않을 것이고 빨리 공급된다는 보장도 없지만 그래도 아파트를 지을 땅이 절대적으로 부족한 서울의 현실을 감안하면 문재인 정부에서 계획했던 공공택지 개발은 윤석열 정부에서도 추진될 가능성이 높기에 관심을 가져볼 만하다.

다음 페이지 표는 문재인 정부 때 발굴된 서울 내 공공택지 물량이다. 1차 지구 중에서는 성동구치소(1,300호), 개포 재건마을(340호), 서초 염곡(1,300호), 장지 차고지(570호), 강일 차고지(760호) 정도, 그리고 2차 지구에서는 수색역세권(2,170호), 서울의료원 주차장(800호), 한강진역 주차장(450호), 서울 물재생센터(2,390호), 동부도로사업소(2,200호), 동작구 환경지원센터(1,900호), 동작역 주차공원(500호) 정도는 관심을 가져봐도 좋겠다. 3차 지구에서 관심을 가져볼 지역은 대방동 군 부지(1,000호), 왕십리 유휴 부지(299호), 구의·자양 재정비촉진 1구역(1,363호), 사당역 복합환승센터(1,200호), 마곡 R&D센터(170호) 정도다.

발굴만 됐고 아직 본격적으로 추진되지는 않고 있다. 사업 추진 과정에서 지자체와 주민들의 반발, 새 정부의 부동산 정책 등 변수가 있어서 일단 긴 호흡을 갖고 차분하게 기다려볼 필요가 있겠다.

서울 공급택지

1차			
(구)성동구치소	1,300호	방화 차고지	100호
개포 재건마을	340호	강일 차고지	760호
서초 염곡	1,300호	도봉구 성대야구장	4,130호
도봉 창동	330호	광운역세권	
장지 차고지	570호	구의유수지	300호
총계		(약) 10,000호	

2차			
수색역세권	2,170호	은하어린이집	20호
서울강서 군 부지	1,200호	신촌동 주민센터	130호
서울의료원 주차장	800호	천호3동 주민센터	100호
동부도로사업소	2,200호	동복권 혁신파크	120호
국공유지 매입	800호	가리봉 (구)시장	220호
한강진역 주차장	450호	공릉역 일대	570호
금천경찰서	130호	도심 공실 전환	200호
신봉터널 유휴 부지	280호	도심 호텔 전환	260호
중랑 물재생센터	830호	대방아파트	300호
서울 물재생센터	2,390호	공릉아파트	300호
증산동 빗물펌프장	300호	강서아파트	600호
연희동 유휴 부지	300호	동작구 환경지원센터	1,900호
북부간선도로 입체화	1,000호	동작역 주차공원	500호
양녕주차장	40호	서울청량리우체국	50호
창삭주차장	40호	석관동 민방위교육장	230호
한누리주차장	40호	금천구청역	250호
총계		18,720호	

3차			
봉천동 관사	250호	창동 창업	200호
한울아파트	900호	마곡 R&D센터	170호
대방동 군 부지	1,000호	항동지구 주차장	60호
왕십리 유휴 부지	299호	고덕강일 주차장	100호
영등포 소화물	145호	마곡 공공 청사 부지	30호
코레일 부지	400호	노후 공공 기관 복합화	1,500호
구의 · 자양	1,363호	빈집 활용 주택 공급	400호
사당역 복합환승센터	1,200호	역사 복합 개발	700호
동북권 민간 부지	1,000호	용도 변경 공공 기여	500호
창동역 복합환승센터	300호		
총계		10,517호	

• 주: 1차의 경우 자료에 표기가 안 된 물량도 있어서 '(약) 10,000호'로 표기했다. | 출처: 국토교통부

서울 외 경기도, 인천 등의 수도권에서 발굴한 중소 규모 택지는 다음 페이지 표와 같다. 1차의 광명 하안2, 의왕 청계2, 성남 신촌, 2차의 과천은 말이 필요 없다. 추가적으로 2차의 성남 낙생, 안양 관양, 3차의 성남 공영주차장, 용인 구성역, 광명 테크노, 그리고 추가된 지역의 구리 갈매역세권, 성남 복정, 성남 금토, 성남 서현 정도는 관심을 가져볼 만하다.

수도권 공급택지

1차	2차	3차	추가	
광명 하안2	과천 과천	안산 장상	의왕 월암	성남 복정2
의왕 청계2	부천 역곡	안산 신길2	군포 대야미	성남 금토
성남 신촌	성남 낙생	수원 당수2	부천 원종	김포 고촌2
시흥 하중	고양 탄현	성남 공영주차장	구리 갈매역세권	시흥 거모
의정부 우정	안양 관양	용인 구성역	남양주 진접2	화성 어천
인천 검암	안양 매곡	광명 테크노	성남 복정1	성남 서현
·	·	·	인천 가정2	·

• 출처: 국토교통부

04

1기 신도시 재건축을
주목하라

#1기 신도시 재건축
#분당 #일산 #평촌 #중동 #산본

뜨거운 감자 같은 1기 신도시의 재건축 이슈가 수면 위로 떠올랐다. 투기 수요와 이주 수요로 인한 문제 때문에 감히 엄두를 내지 못하던 1기 신도시의 재건축이 본격화되면 서울의 반포, 개포, 잠실, 고덕지구 재건축과는 비교가 안 될 정도로 수도권 주택 시장은 천지개벽할 것이다.

물론 넘어야 할 산이 많고 공약대로 잘 진행이 되더라도 아무리 빨라야 10년이고 20년이 걸려도 안 될 수 있는 힘든 프로젝트다. 아직은 갈 길이 멀고 시동조차 걸기도 쉽지 않겠지만 공약을 통해 공식화됐다는 점에서 큰 의미를 부여하고 싶다.

1기 신도시는 다음 표에서 보듯이 성남 분당, 고양 일산, 안양 평촌, 부천 중동, 군포 산본 등 5개 지구에 총 30만 호라는 어마어마한 물량이 공급됐었다.

● 1기 신도시 ●

구분	분당	일산	평촌	중동	산본
면적	594만 평	476만 평	154만 평	164만 평	127만 평
호(세대)	9만 7,600호	6만 9,000호	4만 2,000호	4만 1,200호	4만 2,000호

• 주: 편의상 '평' 단위를 사용함.

개발 재료가 주는 기대감은 투자 수요가 유입되는 동기가 되고 상승기에는 더 탄력을 받는 역할을, 하락기에는 버팀목 역할을 해주기 때문에 당장 사업이 진행되지 않아도 충분히 관심을 가져볼 만하다. 혹시라도 재건축 사업이 진행되면 땅의 가치인 내재 가치가 높은 아파트일수록 유리하다. 쉽게 말해서 대지지분이 크거나 용적률이 낮은 아파트단지가 더 유리하다는 말이다. 그래서 1기 신도시 5곳의 여러 아파트 중 내재 가치가 높은 아파트를 소개하고자 한다(이후부터는 편의상 몇 개 단지 위주로 소개하는 것인 만큼 이 책에 나오지 않았다고 투자 가치가 없다는 식의 이분법적인 구분은 바람직하지 않다는 점을 미리 밝혀 둔다).

1기 신도시의 대장인 분당신도시부터 살펴보자. 분당신도시는 1기 신도시 중 가장 규모가 크고 입지, 교통 여건, 강남 접근성, 양질의 일자리 모두 최고 등급이라고 할 수 있다. 시간이 흘러 입주 30년 차가 되어 나이를 먹었다는 것을 제외하고는 무엇 하나 나무랄 곳이 없다. 그래서 분당신도시의 유일한 단점인 노후화 문제를 단숨에 해결할 수 있는 마법인 재건축 사업이 공론화되고 있는 것이다.

분당신도시의 경우 학군이 좋은 수내동, 서현동과 신분당선 역세권으로 떠오른 정자동, GTX와 판교 접근성이 좋은 이매동 중심으로 수혜 아파트를 정리해봤다(야탑동, 미금동 등에도 수혜 아파트가 있으니 참고한다).

분당신도시 재건축 기대 아파트

지역	아파트	입주 연도	세대	용적률
수내동	푸른벽산	1993년	804	179%
	푸른신성	1992년	630	179%
	푸른쌍용	1993년	1,164	179%
분당동	샛별삼부	1992년	588	144%
	샛별동성	1992년	582	144%
서현동	효자촌현대	1992년	710	185%
	효자촌동아	1992년	648	187%
	효자촌임광	1992년	732	186%
	효자촌삼환	1992년	632	174%
정자동	느티마을공무원3단지	1994년	770	178%
	느티마을공무원4단지	1994년	1,006	180%
	한솔4단지주공	1994년	1,651	148%
	한솔5단지주공	1994년	1,156	170%
	한솔6단지주공	1995년	1,038	173%

지역	아파트	입주 연도	세대	용적률
	아름6단지선경	1993년	370	183%
이매동	이매청구	1992년	710	174%
	이매성지	1992년	304	162%

일산신도시는 분당신도시와 더불어 양대 산맥과 같은 서북부 대표 신도시다. 규모도 7만 호 정도로 분당신도시 다음으로 크다.

일산신도시의 단점이라면 세월의 흔적인 노후화, 강남 접근성이 떨어지는 교통망 부족과 양질의 일자리다. 노후화 문제는 모든 1기 신도시의 문제이니 다른 2가지 단점만 해결된다면 분당신도시보다 아파트 가격이 저렴할 이유가 없다.

다행히 희망의 빛이 비치고 있다. GTX—A 노선이 착공에 들어가면서 강남 접근성이 크게 개선될 것이기 때문이다. 여기에 재건축까지 시동을 건다면 제2의 도약을 하기에 충분하다. 이와 관련해 투자 가치가 있는 일산신도시의 아파트를 표로 정리해봤다.

● 일산신도시 재건축 기대 아파트 ●

지역	아파트	입주 연도	세대	용적률
	후곡8단지동신	1994년	434	182%
	후곡9단지LG롯데	1994년	936	182%
일산동	후곡11단지주공	1995년	836	164%
	후곡12단지주공	1995년	718	170%
	후곡13단지태영	1994년	420	163%
	후곡14단지청구	1994년	446	183%

주엽동	문촌1단지우성	1994년	892	162%
	문촌2단지라이프	1994년	348	182%
	문촌5단지쌍용한일	1994년	432	181%
	강선4단지동신	1993년	624	162%
	강선5단지건영동부	1994년	528	182%
	강선8단지럭키롯데	1993년	966	183%
마두동	강촌동아(1단지)	1993년	720	177%
	강촌3단지훼미리	1992년	590	183%
	강촌5단지라이프	1992년	1,558	163%
	강촌선경코오롱(7단지)	1993년	702	182%
	강촌우방(8단지)	1993년	766	184%
	백마1단지삼성	1993년	772	187%
	백마2단지극동삼환	1992년	806	185%
	백마3단지금호한양	1995년	1,116	181%
	백마6단지벽산	1994년	438	182%

평촌신도시는 분당신도시와 일산신도시 중간에 위치한 교육신도시다. 규모는 4만 세대 정도로 분당신도시, 일산신도시보다 작지만 과천 아래에 있어 입지가 좋고 지하철 4호선과 도로를 통해 강남 접근성이 용이하다. 무엇보다 학원가가 좋아서 교육 수요가 탄탄하다.

분당신도시, 일산신도시보다 용적률이 다소 높은 것이 아쉽지만 그래도 충분히 기대를 가질 만하다. 평촌신도시의 아파트 중에서 내재 가치가 높은 용적률 200% 이내로 뽑아봤다.

지역	아파트	입주 연도	세대	용적률
호계동	목련1단지	1992년	480	186%
	목련2단지	1992년	994	193%
	목련3단지	1992년	902	196%
	목련5단지	1993년	683	196%
평촌동	향촌롯데	1993년	530	206%
	초원8단지세경	1996년	709	199%
비산동	은하수샛별5·6단지	1993년	3,227	167%
	샛별한양1단지	1993년	1,262	198%
관양동	한가람세경	1996년	1,292	196%
	공작부영	1993년	1,710	198%
	한가람신라	1992년	1,068	197%

부천에 위치한 중동신도시는 다른 신도시에 비해 상당히 저평가를 받고 있다고 할 수 있다. 2018~2021년 부동산 시장 폭등에 힘입어 집값이 많이 상승했지만 그전까지만 해도 풍부한 편의시설과 지하철 7호선 라인까지 끼고 있는 것에 비하면 지나치게 저평가된 신도시였다. 역시 내재 가치가 좋은 아파트를 중심으로 정리해봤다.

중동신도시 재건축 기대 아파트

지역	아파트	입주 연도	세대	용적률
중동	중흥마을주공	1995년	863	193%
	설악주공	1993년	1,590	198%
	덕유주공4단지	1997년	1,046	112%
	덕유주공2단지	1996년	509	56%
	금강마을	1994년	1,962	203%
상동	벚꽃세종그랑시아	2002년	216	71%

산본신도시는 평촌신도시 아래 직선 거리로 5킬로미터 정도 떨어진 신도시다. 그런데 평촌신도시와 비교가 되면서 저평가를 받고 있다. 수리산의 쾌적함과 신도시 인프라가 잘 갖춰져 있지만 지하철 4호선이 하필 금정역부터 지상 구간이 되면서 산본신도시의 맥을 끊고 있다는 점은 너무 아쉽다. 개발 예산이 조금 더 들더라도 금정역, 산본역, 수리산역 구간을 지하로 했으면 얼마나 좋았을까 하는 아쉬움이 두고두고 남는다.

그래도 실망할 필요는 없다. 단점은 이미 현재 가치에 반영됐다. 향후 금정역에 GTX가 연결되고 신도시 아파트의 재건축이 시작된다면 제2의 날개를 달 수 있기 때문이다.

지역	아파트	입주 연도	세대	용적률
산본동	매화주공14단지	1995년	1,847	148%
	산본주공11단지	1991년	1,400	183%
	덕유주공8단지	1996년	267	187%
	한라주공4단지 1차	1992년	1,248	115%
	가야주공5단지 1차	1993년	1,601	129%
	가야주공5단지 3차	1993년	949	196%
금정동	다산주공3단지	1992년	829	195%
	퇴계주공3단지 1차	1995년	1,011	196%

05

미래의 대장 아파트가 될
서울 재건축 아파트

#목동 #상계 #압구정 #송파

주택이 부족한 서울 및 수도권에 주택 공급을 늘리기 위해 새 정부는 공공택지 개발과 더불어 1기 신도시 재건축 카드까지 꺼내 들었다.

1기 신도시와 관련해서만 재건축 활성화를 하는 것이 아니다. 불필요한 재건축 및 재개발 규제를 풀어 서울에 주택 공급을 늘리려고 한다. 마침 서울시의 신속통합기획과 맞물려 그동안 지지부진했던 서울의 재건축 시장에 대한 기대감도 커지고 있다. 2022년 2월 한강변 대표 재건축단지인 잠실주공5단지가 경관 건축 심의를 통과하면서 꽉 막힌 재건축 시장에 한 줄기 빛이 들어왔다.

새 정부의 재건축 및 재개발 규제 완화가 시행된다면 용적률이 낮고 내재 가치는 높은 서울의 30년 넘은 아파트들의 미래 가치는 높아질 수 있다. 그래서 이번에 서울에 있으면서 30년을 넘겼지만 내재 가치가 좋은 목동, 상계, 압구정, 잠실지역의 아파트를 정리해봤다. 관심은 가지되 부동산 정책에는 꼭 변수가 있음을 잊지 말자. 만약 부동산 시장 분위기와 흐름이 침체로 들어가면 전세가율(매매가 대비 전세가 비율)이 낮은 재건축 및 재개발 물건은 레버리지(Leverage)가 약해 타격을 더 받을 수도 있다. 그러므로 분위기에 휩쓸리기보다 충분한 자금계획을 가지고 자신만의 투자 기준을 세워 접근해야 한다

먼저 목동이다. 목동신시가지의 아파트는 지은 지 30년을 훌쩍 넘겼지만 교육 환경이 대치동 다음으로 최고 수준이고 용적률은 중층 아파트인데도 110~150% 수준이어서 내재 가치가 매우 높다.

◆━━━━━● 목동 재건축 기대 아파트 ●━━━━━◆

지역	아파트	입주 연도	세대	용적률
목동	목동신시가지1단지	1985년	1,882	123%
	목동신시가지2단지	1986년	1,640	124%
	목동신시가지3단지	1986년	1,588	122%
	목동신시가지4단지	1986년	1,382	124%
	목동신시가지5단지	1986년	1,848	116%
	목동신시가지6단지	1986년	1,362	139%
	목동신시가지7단지	1986년	2,550	125%

지역		입주 연도	세대	용적률
신정동	목동신시가지8단지	1987년	1,325	164%
	목동신시가지9단지	1987년	2,030	133%
	목동신시가지10단지	1987년	2,160	123%
	목동신시가지11단지	1988년	1,595	120%
	목동신시가지12단지	1988년	1,860	119%
	목동신시가지13단지	1987년	2,280	159%
	목동신시가지14단지	1987년	3,100	122%

상계동의 상계주공단지들도 충분히 관심을 가질 만하다. 입주 연도, 용적률 모두 목동처럼 좋은 조건이어서 향후 정부와 서울시가 본격적으로 재건축 사업을 지원해준다면 다른 단지들보다 더 빨리 추진될 가능성이 높다. 아울러 옆의 창동도 관심을 갖고 지켜

──────────● 상계동과 창동 재건축 기대 아파트 ●──────────

지역	아파트	입주 연도	세대	용적률
상계동	상계주공1단지	1988년	2,064	164%
	상계주공2단지	1987년	2,029	156%
	상계주공3단지	1988년	2,213	180%
	상계주공5단지	1987년	840	93%
	상계주공7단지	1988년	2,634	188%
	상계주공10단지	1988년	2,654	151%
	상계주공11단지	1988년	1,944	152%
	상계주공12단지	1988년	1,739	178%
	상계주공14단지	1989년	2,265	154%

창동	창동주공3단지	1990년	2,856	175%
	창동주공4단지	1991년	1,710	151%
	주공18단지	1988년	910	138%
	주공19단지	1988년	1,764	164%

보자. 투자의 기회가 넓어질 것이다.

명당, 최고의 부촌이라는 타이틀이 걸맞은 압구정동은 재건축이 되기만 한다면 서울의 넘버원 자리는 따놓은 당상이다. 중층 아파트에 대형 평형으로 잘 지어놔서 재건축이 쉽지는 않지만 서울시가 정책적으로 지원해준다면 재건축이 안 될 이유도 없다.

━━━━━━● 압구정동 재건축 기대 아파트 ●━━━━━━

지역	아파트	입주 연도	세대	용적률
압구정동	미성 1차	1982년	322	153%
	미성 2차	1987년	911	233%
	신현대 (현대 9, 11, 12차)	1982년	1,924	171%(9차) 176%(11차) 180%(12차)
	현대 1, 2차	1976년	960	225%
	현대 3차	1976년	432	234%
	현대 4차	1977년	170	95%
	현대 5차	1977년	224	170%
	현대 6, 7차	1978년	1,288	189%
	현대 10차	1982년	144	172%

	현대 13차	1984년	234	191%
	현대 14차	1987년	388	148%
	현대 8차	1981년	515	178%
	한양 4차	1978년	286	187%
	한양 6차	1980년	227	170%
압구정동	영동한양 1차	1977년	936	212%
	한양 2차	1978년	296	181%
	한양 3차	1978년	312	198%
	한양 5차	1979년	343	192%
	한양 7차	1981년	239	169%
	한양 8차	1984년	90	175%

한강변 대표 재건축단지인 잠실주공5단지를 비롯해 아시아선수촌, 우성 1~3차, 장미, 올림픽선수기자촌 등 앞으로 유망주자가 줄줄이 대기 중인 송파지역도 눈여겨봐야 한다(이 외에도 여의도, 한남, 노량진 등 유망 재개발 구역이 즐비하니 앞으로 서울의 경우 '재개발', '재건축'이 하나의 키워드가 될 것이 확실해 보인다).

송파 일대 재건축 기대 아파트

지역	아파트	입주 연도	세대	용적률
잠실동	잠실주공5단지	1978년	3,930	138%
	아시아선수촌	1986년	1,356	152%
	우성 1, 2, 3차	1981년	1,842	182%
신천동	장미 1차	1979년	2,100	184%
	장미 2차	1979년	1,302	190%
	미성	1980년	1,230	159%
	크로바	1983년	120	169%
	진주	1980년	1,507	172%
송파동	한양 1차	1983년	576	157%
	한양 2차	1984년	744	165%
	가락삼익맨숀	1984년	936	179%
방이동	올림픽선수기자촌	1988년	5,540	137%
	대림가락(방이대림)	1985년	480	176%
가락동	삼환가락	1985년	648	178%
	극동	1984년	555	179%
	미륭	1986년	435	180%
	프라자	1985년	672	179%
문정동	올림픽훼밀리타운	1988년	4,494	194%
	현대 1차	1984년	514	179%
오금동	현대 2, 3, 4차	1984년	1,316	172%
	가락상아	1984년	226	194%
	가락우창	1985년	264	180%

06

GTX는 부동산의 블루오션

#GTX-A 평택 연장
#GTX-C 평택·동두천 연장

땅속 40미터 이하 대심도에 건설해 빠른 속도로 서울과 수도권을 연결하는 GTX는 그동안 수도권 외곽지역의 불편했던 교통 문제를 단숨에 해결하는 마법사다. 현재 2027년 완공을 목표로 GTX 3개 노선 사업이 진행되고 있다.

파주 운정과 화성 동탄을 잇는 A 노선은 2019년에 착공했고, 인천 송도와 남양주 마석을 잇는 B 노선은 2023년, 덕정과 수원을 잇는 C 노선은 2022년 착공 예정이다. 정부계획보다 2~3년 또는 그 이상 늦어질 수 있고 추진 과정에서 노선이 변경될 수도 있다.

추진 중인 3기 신도시를 포함한 대규모 주택 개발 사업이 완성될 경우 GTX 노선이 닿지 않는 지역 중심으로 심각한 교통 체증 현상이 발생할 가능성이 있다. 그래서 새 정부는 A 노선과 C 노선을 연장하는 카드와 함께 D 노선, E 노선, F 노선 신설 카드를 꺼내 들었다.

1기 GTX 기존 구간 및 연장 구간

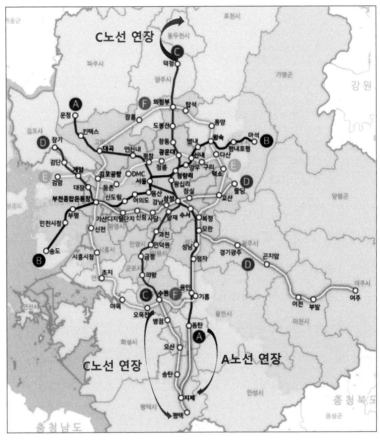

• 출처: 국민의힘

GTX 기존 노선에서 연장되는 노선부터 알아보자. 기존 파주 운정에서 화성 동탄을 연결하는 A 노선의 경우 평택지제까지 연장하고, 수원에서 덕정을 연결하는 C 노선의 경우 북쪽으로는 동두천, 남쪽으로는 평택까지 연장할 계획을 세웠다.

──────── ◆ 1기 GTX 정차역 ◆ ────────

GTX 노선	구간
A 노선	운정-킨텍스-대곡-연신내-서울역-삼성-수서-성남-용인-동탄-**평택지제**
B 노선	송도-인천시청-부평-부천종합운동장-신도림-여의도-용산-서울역-청량리-망우-신내-별내-왕숙-평내호평-마석
C 노선	**평택-송탄-오산-병점**-수원-의왕-금정-인덕원-과천-양재-삼성-왕십리-청량리-광운대-창동-도봉산-의정부-덕정-**동두천**

• 주: 진한 색으로 표기된 정차역은 연장된 노선의 역임(예정).

우선 (연장 노선을 포함한) A 노선의 수혜를 받는 아파트부터 알아보자(210~211쪽). 이미 착공이 들어간 기존 정차역 주변 아파트들은 미래 가치가 어느 정도 반영됐으므로 개통 시점에 추가 상승을 기대해봐야 한다. 이번에 연장되는 평택지제역에 미래 가치가 아직 반영되지 않았으므로 향후 상승이 더 기대된다.

B 노선의 경우 아쉽게도 연장 구간이 없지만 인천 송도에서 신도림, 여의도, 용산, 서울역, 청량리를 거쳐 남양주 별내, 왕숙, 호평, 마석까지 연결되는, 그야말로 수도권 동과 서를 가로지르는 골

A 노선 수혜 아파트

정차역	지역	아파트	입주 연도	세대
평택 지제역	평택	호반써밋고덕신도시1	2021년	658
		고덕국제신도시리슈빌레이크파크	2022년	730
		고덕신도시자연앤자이	2019년	755
		지제역더샵센트럴시티	2022년	1,999
		힐스테이트지제역	2020년	1,519
		평택지제역자이	2023년	1,052
		더샵지제역센트럴파크1	2020년	2,124
동탄역	화성	동탄역시범우남퍼스트빌	2015년	1,442
		동탄역시범더샵센트럴시티	2015년	874
		동탄역시범한화꿈에그린프레스티지	2015년	1,817
용인역	용인	삼거마을삼성래미안1차	2002년	1,282
		블루밍구성더센트럴	2000년	1,576
		연원마을엘지	1999년	396
성남역	성남	백현마을2단지	2009년	772
		봇들9단지휴먼시아어울림	2009년	850
		아름6단지선경	1993년	370
		아름7단지효성	1994년	388
수서역	서울	신동아	1992년	1,162
		삼익	1992년	645
		올림픽훼미리타운	1988년	4,494
삼성역	서울	은마	1979년	4,424
		우성 1, 2, 3차	1981년	1,842
		풍림 1차	1998년	252

• 주: 진한 색으로 표기된 정차역은 연장된 노선의 역임(예정). 진한 색으로 표기된 아파트는 노선 연장으로 수혜를 받은 아파트임.

서울역	서울	LIG서울역리가	2012년	181
		서울역센트럴자이	2017년	1,341
		중림삼성사이버빌리지	2001년	712
연신내역	서울	북한산힐스테이트 7차	2011년	882
		미성	1988년	1,340
대곡역	고양	별빛9단지벽산, 코오롱, 한일, 기산	1995년	2,008
		별빛7단지청구, 현대	1995년	1,136
		은빛6단지프라웰	1996년	1,320
		대곡역두산위브	2022년	643
		고양e편한세상대림 2차	1997년	640
킨텍스역	고양	킨텍스꿈에그린	2019년	1,100
		장성3단지건영	1996년	354
		문촌19단지신우	1994년	658
		문촌18단지대원	1995년	378
운정역	파주	가람마을7단지한라비발디	2012년	978
		가람마을10단지동양엔파트월드메르디앙	2010년	972
		가람마을11단지동문굿모닝힐	2010년	624

• 주: 일부 역은 신설 예정임.

드라인이라는 점이 매력적이다. 아직 착공에 들어가지 않았지만 연장을 두고 좀 더 고민 중인 C 노선이나 신설되는 D 노선, E 노선, F 노선보다 빠른 시일 내 착공이 가능하므로 투자자라면 좀 더 관심을 가져본다.

B 노선 수혜 아파트

정차역	지역	아파트	입주 연도	세대
인천대 입구역	송도	송도더샵퍼스트파크	2017년	872
		송도웰카운티4단지	2010년	465
인천 시청역	인천	극동	1989년	760
		금호	1987년	630
		한진	1981년	600
		구월힐스테이트, 롯데캐슬골드	2007년	5,076
부평역	인천	부평동아1단지	1986년	2,475
부천종합 운동장역 (당아래역)	부천	여월휴먼시아3단지	2007년	899
		여월휴먼시아4단지	2010년	244
신도림역	서울	신도림태영타운	2000년	1,252
		신도림4차e-편한세상	2003년	853
		대림코오롱	1998년	481
여의도역	서울	광장	1978년	744
		미성	1978년	577
		삼부	1975년	866
용산역	서울	용산e편한세상	2011년	867
		용산시티파크1단지	2007년	421
		용산푸르지오써밋	2017년	151
서울역	서울	LIG서울역리가	2012년	181
		서울역센트럴자이	2017년	1,341
		중림삼성사이버빌리지	2001년	712
청량리역	서울	래미안크레시티	2013년	2,397
		미주	1978년	1,089
		래미안허브리츠	2011년	844
		동대문롯데캐슬노블레스	2018년	584

역	지역	단지명	준공년도	세대수
망우역	서울	건영 2차	1996년	1,113
		건영캐스빌	2006년	467
		상봉태영데시앙	2003년	582
		상봉우정	2002년	375
		LG쌍용	1996년	858
신내역	서울	데시앙	2010년	1,326
		신내역시티프라디움	2023년	943
		신내역힐데스하임참좋은	2021년	218
		신내데시앙포레	2013년	1,896
		신내우디안1단지	2014년	1,402
별내역	남양주	별내역우미린더퍼스트	2012년	396
		별내자이더스타	2023년	740
		별내신도시쌍용예가	2012년	652
		동익미라벨38단지	2013년	369
왕숙역	남양주	3기 신도시 왕숙지구	·	·
평내호평역	남양주	진주2단지	1985년	304
		평내호평역대명루첸포레스티움	2020년	1,008
		효성타운	1998년	607
		호평마을금강	2004년	892
		호평마을동원로얄듀크	2005년	593
		호평오네뜨센트럴	2019년	616
마석역	남양주	신명스카이뷰그린	2005년	657
		마석힐즈파크푸르지오	2018년	620
		창현두산2단지	1997년	800
		남양주라온프라이빗4단지	2019년	356
		마석그랜드힐 1차	2004년	550

• 주: 일부 역은 신설 예정임.

수원역에서 강남구 삼성역을 지나 의정부까지 연결되는 C 노선은 남쪽으로는 병점역, 오산역, 송탄역, 평택지제역까지 북쪽으로는 동두천역까지 연장이 추진된다.

서울과 물리적 거리가 멀다는 단점을 시간의 거리로 극복해야 하는 수도권 외곽지역 입장에서 GTX 연장은 가뭄에 단비와 같이 귀한 개발 호재다. 목말라 있는 상황에서 물 한 모금이 꿀맛 같듯이 교통 환경이 부족한 지역에 이런 골드라인 연장 호재는 미래 가치를 분명 극대화시켜줄 것이다.

C 노선 수혜 아파트

정차역	지역	아파트	입주 연도	세대
평택 지제역	평택	평택군문주공2단지	1999년	1,035
		주공4단지	1992년	684
		평택역SK뷰(민간 임대)	2021년	1,328
송탄역	평택	평택더샵	2009년	718
		우성	1992년	414
		한양청솔	1996년	289
오산역	오산	오산역e-편한세상1단지	2007년	1,008
		오산운암주공5단지	1999년	1,186
		원리주공	1988년	320
병점역	화성	병점역아이파크캐슬	2021년	2,666
		병점역효성해링턴플레이스	2013년	231
		늘벗마을신창1	2004년	1,499
		구봉마을우남퍼스트빌	2004년	477

수원역	수원	힐스테이트푸르지오수원	2022년	2,586
		수원역센트럴어반시티	2015년	1,019
		LH수원센트럴타운2단지	2015년	800
		대한대우	1999년	1,293
금정역	군포	래미안하이어스	2010년	2,644
		e편한세상금정역에코센트럴	2007년	677
		삼성	1987년	370
과천역	과천	과천푸르지오써밋	2020년	1,571
		래미안과천센트럴스위트	2018년	543
		과천센트럴파크푸르지오써밋	2020년	1,317
		과천자이	2021년	2,099
		주공5단지	1983년	800
		주공10단지	1984년	632
양재역	서울	도곡쌍용예가	2015년	384
		도곡한신	1988년	421
삼성역	서울	래미안대치하이스턴	2014년	354
		래미안대치팰리스1단지	2015년	1,278
		은마	1979년	4,424
		우성 1, 2, 3차	1981년	1,842
		풍림 1차	1998년	252
청량리역	서울	래미안크레시티	2013년	2,397
		미주	1978년	1,089
		래미안허브리츠	2011년	844
		동대문롯데캐슬노블레스	2018년	584

창동역	서울	동아	1988년	600
		동아청솔	1997년	1,981
		삼성래미안	1992년	1,668
		창동주공3단지	1990년	2,856
		주공19단지	1988년	1,764
		상계주공3단지	1987년	2,213
		상계주공7단지	1988년	2,634
의정부역	의정부	신곡신동아파밀리에	2004년	547
		신일유토빌	2003년	1,432
		의정부역센트럴자이&위브캐슬	2022년	2,473
		의정부롯데캐슬골드파크1단지	2018년	919
동두천역	**동두천**	**동두천신창비바패밀리1단지**	**2009년**	**409**
		우방아이유쉘	**2009년**	**221**
		부영5단지	**2004년**	**668**

• 주: 진한 색으로 표기된 정차역은 연장된 노선의 역임(예정). 진한 색으로 표기된 아파트는 노선 연장으로 수혜를 받은 아파트임.

07

한 곳 한 곳이 다
개발 호재인 D 노선

#GTX-D #검단 #대장 #가산디지털단지
#신림 #사당 #삼성 #잠실 #교산 #팔당
#수서 #광주 #여주 #성남

사실 D 노선은 문재인 정부 때 발표된 적이 있었다(김포 장기-검단-계양-대장-부천종합운동장-신도림-여의도-용산). 그런데 당초 기대에 미치지 못하면서 지역 주민의 반발이 컸고 광역급행철도라는 GTX의 취지에도 맞지 않아 B 노선의 지선 정도로만 평가를 받자 새로운 D 노선을 공약으로 내걸었다. 수도권을 남부에서 동과 서를 잇겠다는 것으로 '장기(김포)~팔당' 라인을 기본으로 하고, 삼성에서 분기되는 '삼성~수서~광주~여주'를 잇는 라인을 추가해 옆으로 눕힌 Y자 형태로 건설할 계획이다. 이 정도면 D 노선의 정차역 하나하나가 모두 해당 지역에는 개발 호재다.

'김포~팔당' 구간은 신설하고, '삼성~여주' 구간의 일부는

D 노선(예정)

구간
장기-검단-계양-대장-부천종합운동장-가산디지털단지-신림-사당-강남-삼성-잠실-교산-팔당 삼성-수서-복정-모란-경기광주-곤지암-이천-부발-여주

신설하고 일부는 기존 경강선을 활용해 건설 비용과 기간을 단축할 계획이다. 이렇게 신설 구간은 최소화하고 기존 노선을 재사용하는 방안은 바람직하다. 사업이 늦어지거나 무산되는 원인 대부분이 예산과 사업성, 결국 돈이기 때문이다. 기존 노선을 활용해 사업 비용을 최소화할 수 있다면 그만큼 첫 삽을 뜨는 시기가 빨라질 것이다.

장기에서 부천종합운동장까지는 2021년에 발표된 구간인데 기대와 달리 강남 연결이 무산되면서 해당 지역의 집값에는 크게 영향을 미치지 못했다. 2020년에도 GTX 언급이 나오자 김포지역 집값이 급등했는데 강남으로 연결이 안 되자 실망 매물이 나오면서 상당히 논란이 되기도 했다. 그동안의 강남 연결의 한을 풀기라도 하듯이 새롭게 만들어진 D 노선은 가산디지털단지에서 여의도로 가지 않고 사당, 강남, 잠실을 거쳐 3기 신도시인 하남 교산과 팔당까지 연결된다. 또한, 삼성에서 수서로 Y자 분기를 해 복정, 모란, 경기광주, 곤지암, 이천, 부발, 여주까지 연결된다. 그야말로 수도권 동과 서를 촘촘하게 연결하는 진정한 골드라인의 탄생이다.

교통이 불편한 지역에 골드라인으로 평가되는 D 노선 신설은 최대의 개발 호재다. 물론 사업이 언제 본격화될지, 타당성 조사와 철도계획 포함 등 넘어야 할 산은 많지만 한 걸음씩 진행단계를 밟아갈수록 D 노선 정차역 인근 지역에 있는 아파트들의 가치는 상승할 것이다. D 노선의 수혜를 받을 것으로 예상되는 아파트를 정리해봤다(계획 중인 노선이라 이후 언제든지 상황은 달라질 수 있다).

──────● D 노선 수혜 아파트 ●──────

정차역	지역	아파트	입주 연도	세대
장기역	김포	고창마을신영지웰	2008년	267
		고창마을이지더원	2008년	290
		고창마을자연앤어울림	2009년	574
		청송현대홈타운2단지	2001년	1,326
검단역	인천	검단신도시푸르지오더베뉴	2021년	1,540
		우미린더시그니처	2022년	1,268
		검단금호어울림센트럴	2021년	1,452
		검단신도시2차노블랜드에듀포레힐	2022년	1,417
계양역	인천	3기 신도시 계양지구	·	·
		계양센트레빌3단지	2013년	454
대장역	부천	3기 신도시 대장지구	·	·
부천종합운동장역	부천	여월휴먼시아4단지	2010년	244
		여월휴먼시아5단지	2010년	334
		중앙그린빌	2002년	112

가산 디지털 단지역	서울	가산두산위브	1998년	1,495
	광명	철산푸르지오하늘채	2010년	1,264
		주공12단지	1986년	1,800
		주공13단지	1986년	2,460
신림역	서울	신림푸르지오 1차	2005년	1,456
		건영 4차	1997년	236
		신림현대	1993년	1,634
사당역	서울	방배우성	1989년	468
		사당휴먼시아	2009년	480
		방배롯데캐슬아르떼	2013년	744
		방배현대홈타운 1차	1999년	644
		사당우성2단지	1993년	1,080
강남역	서울	진흥	1979년	615
		래미안서초에스티지S	2018년	593
		래미안서초에스티지	2016년	421
		래미안리더스원	2020년	1,317
		신동아1차	1978년	893
삼성역	서울	래미안대치하이스턴	2014년	354
		래미안대치팰리스1단지	2015년	1,278
		은마	1979년	4,424
		우성 1, 2, 3차	1981년	1,842
		풍림 1차	1998년	252
잠실역	서울	잠실주공5단지	1978년	3,930
		잠실엘스	2008년	5,678
		리센츠	2008년	5,563
		트리지움	2007년	3,696
		레이크팰리스	2006년	2,678
		장미 1차	1979년	2,100
교산역	하남	3기 신도시 교산지구	·	·

역	지역	단지명	준공	세대수
팔당역	남양주	한강우성	1998년	1,488
		덕소쌍용	2000년	528
		덕수두산위브	2002년	1,253
수서역	서울	수서신동아	1992년	1,162
		삼익	1992년	645
		올림픽훼미리타운	1988년	4,494
복정역	성남	위례자연앤센트럴자이	2017년	1,413
		위례자이	2016년	517
	서울	송파파크하비오푸르지오	2016년	999
		송파파인8단지	2008년	700
모란역	성남	삼부	1996년	834
		성남금호어울림	2006년	507
		센트럴타운	2012년	1,039
		장미1단지동부	1993년	1,134
경기 광주역	광주	광주역자연앤자이	2021년	1,031
		e편한세상광주역1단지	2016년	441
		e편한세상광주역2단지	2016년	289
곤지암역	광주	LG	1997년	222
		삼주노블리제	2005년	448
		곤지암쌍용 2차	2000년	409
부발역	이천	아미현대7차	1999년	708
		현대성우오스타2단지	2010년	503
		현대성우오스타3단지	2022년	355
여주역	여주	여주역휴먼빌	2023년	640
		여주역우남퍼스트빌	2022년	602
		예일세띠앙	2006년	472

• 주: 일부 역은 신설 예정임.

08

계획성이 돋보이는 E 노선

#GTX-E #검암 #계양 #김포공항
#등촌 #DMC #평창 #정릉 #광운대
#신내 #구리 #다산 #덕소

새롭게 탄생한 E 노선은 그동안 교통 환경이 상대적으로 부족했던 수도권 북부에서 동·서로 연결해 교통망을 개선한다. 인천 검암에서 계양을 지나 김포공항, 등촌, DMC, 정릉, 광운대, 구리, 다산, 덕소까지 연결한다. '김포공항~구리' 구간은 신설하고 나머지 구간은 공항철도와 경의중앙선을 활용할 계획이다. 하루빨리 교통 환경이 개선되어 좀 더 편리한 생활을 누리고 싶은 지역 주민 입장에서는 이유 불문하고 빨리 추진해 첫 삽을 뜨기를 바란다. 예산, 사업 타당성 등의 문제가 걸리는 만큼 신설 구간을 최소화하고 기존 공항철도와 경의중앙선을 활용하겠다는 계획에는 박수를 보낸다.

• E 노선(예정) •

구간

검암-계양-김포공항-등촌-DMC-평창-정릉-광운대-신내-구리-다산-덕소

지금까지 수도권 북부에는 동·서를 잇는 철도망이 없었는데 E 노선이 생기면 불편했던 수도권 북부지역 교통망이 크게 개선되면서 주민들의 편의성 개선뿐만 아니라 수도권 북부지역 발전에 큰 도움이 될 것으로 기대된다. 당연히 신설되는 E 노선 정차역 주변 아파트들은 최대의 개발 호재를 맞았다고 할 수 있다.

부동산 가격을 올려주는 미래 가치 중 지하철역 신설만큼 큰 호재는 없다. 가려운 곳을 긁어주듯 교통 환경이 부족한 지역에 지하철, 그것도 골드라인이 생긴다는 것은 생각만 해도 흥분되는 일이다. 정차역 인근 아파트들은 이후 이슈가 생길 때마다 긍정적인 플러스 영향을 받을 것이다. 특히 상대적으로 교통 열세지역이었던 검암, 평창, 정릉, 광운대, 신내, 구리, 다산, 덕소 등은 황금 날개 하나를 달았다고 해도 과언이 아니다.

'E 노선 신설'이라는 수혜를 받을 것으로 예상되는 아파트를 정리해봤다. 혹시라도 '어? 왜 우리 아파트는 없어?'라는 섭섭한 마음은 갖지 않기를 바란다. 최대한 많은 아파트를 언급해주면 좋겠지만 지면 관계상 일부 아파트만 언급할 수밖에 없고 어디까지나 필자의 주관적 견해가 개입됐기 때문이다. 이후 사업을 추진하는

223

과정에서 국토교통부와 지방자치단체 간 협의에 따라 언제든지 노선이 변경되거나 사업 추진 일정이 달라질 수 있다는 점을 다시 한번 밝혀둔다.

● E 노선 수혜 아파트 ●

정차역	지역	아파트	입주 연도	세대
검암역	인천	검암지구서해그랑블	2003년	950
		검암풍림아이원 2차	2004년	718
		검암신명스카이뷰 3차	2004년	282
계양역	인천	3기 신도시 계양지구	.	.
		인천계양센트레빌3단지	2013년	454
김포공항역	서울	마곡엠밸리5단지	2014년	439
		마곡엠밸리9단지	2021년	1,529
		마곡엠밸리12단지	2016년	363
		마곡엠밸리14단지	2014년	1,270
		마곡엠밸리15단지	2014년	1,171
		강서센트레빌 4차	2009년	215
등촌역	서울	염창한화꿈에그린 2차	2006년	163
		염창우성 3차	1993년	196
		염창롯데캐슬	2005년	284
		목동롯데캐슬위너	2005년	1,067
디지털 미디어시티역	서울	상암월드컵파크2단지	2003년	657
		상암월드컵파크4단지	2006년	761
		DMC마포청구	1994년	420
		성산시영	1986년	3,710

역	지역	단지명	연도	세대수
디지털 미디어시티역	서울	DMC센트럴자이	2022년	1,388
		DMC SK뷰	2021년	753
평창역	서울	롯데낙천대	2001년	156
		평창롯데캐슬로잔	2009년	112
정릉역	서울	정릉힐스테이트	2004년	355
		정릉꿈에그린	2015년	349
		일신건영휴먼빌	2005년	689
		정릉우성	2000년	823
		돈암코오롱하늘채	2016년	629
광운대역	서울	월계미륭	1986년	3,930
		월계삼호 4차	1987년	910
		월계대동	1997년	258
		월계동현대	2000년	1,281
		삼창	1985년	296
신내역	서울	신내데시앙	2010년	1,326
		신내역시티프라디움	2023년	495
		신내역힐데스하임참좋은	2021년	218
		신내데시앙포레	2013년	1,896
		신내우디안1단지	2014년	1,402
구리역	구리	성원 2차	2000년	461
		건영	1994년	573
		인창1단지주공	1996년	1,344
		구리인창현대홈타운	2002년	598
		구리인창e편한세상 2차	2006년	621

다산역	남양주	다산자이아이비플레이스	2021년	967
		다산한양수자인리버팰리스	2017년	640
		다산신도시자연앤롯데캐슬	2017년	1,186
		다산자연앤자이	2021년	878
덕소역	남양주	한강우성	1998년	1,488
		덕소쌍용	2000년	528
		덕소두산위브	2002년	1,253

09

진행만 되면
날개를 다는 F 노선

#GTX-F #대곡 #장흥 #의정부
#탑석 #풍양 #왕숙 #다산
#덕소 #교산 #성남 #기흥
#수원 #안산 #시흥 #부천

　　윤석열 정부가 새롭게 추진하겠다고 하는 F 노선은 수도권 거점지역을 연결해 수도권 전체를 하나의 메가 시티로 묶는 순환선 개념이다. 마치 서울 지하철 2호선이나 수도권 제1 순환고속도로(구 외곽순환도로)를 생각하면 이해가 빠를 것이다.

　　고양에서 출발해 양주, 의정부, 남양주, 하남, 성남, 용인, 수원, 안산, 시흥, 부천, 김포공항을 지나 다시 고양으로 이어진다. '성남~고양' 구간은 신설하고 나머지 구간은 서해선, 수인분당선을 활용해서 비용과 사업 기간을 단축하겠다고 한다. 하루빨리 교통망이 개선되어 보다 편리한 생활을 누리기를 주민들은 원하므로 기존 노선을 최대한 활용하면서 사업성을 높이는 전략은 바람직하다.

이미 사업을 진행하고 있는 1기 GTX 노선 중 A 노선과 C 노선이 연장되고 새롭게 2기 GTX 3개 노선(D~F)까지 신설되면 수도권 일대는 주요 주거 밀집지역에서 서울 도심까지 나가는데 드는 시간이 획기적으로 줄어드는 광역교통망을 갖출 것으로 기대된다. 주요 주거지역의 경우 "지하철역이 없다", "지하철역이 멀다"라는 말은 많이 줄어들 것이다.

물론 너무 수도권 중심으로만 교통망을 많이 개선해서 오히려 수도권 집중화 현상을 더 견고히 하는 것이 아닌가 하는 비판의 목소리도 있다. 충분히 일리가 있지만 서울 집중화 문제를 해결하려면 적어도 서울 주변 경기도, 인천 등의 수도권으로 최대한 부동산 수요층을 분산시켜야 하는데 그 전제조건이 바로 편리하고 빠른 교통망이다. 그리고 지방의 주요 광역시 중심으로 메가 시티를 구성한 다음, 수도권과 지방 광역시를 연결하는 쾌속 교통망을 연결하면 전국이 하나의 거대한 도시처럼 될 것이다. 이후부터 수도권 집중 현상도 상당 부분 개선될 수 있다. 많은 예산과 오랜 시간이 필요하겠지만 걱정만 하고 아무것도 하지 않는 것보다는 이렇게 첫발을 딛고 하나씩 시작하는 것이 문제 해결의 첫 단추라고 생각한다.

F 노선은 다음 표에서 보듯이 고양, 의정부, 남양주, 성남, 용인, 수원, 안산, 시흥, 부천, 김포를 매우 촘촘하게 연결하는 순환 열차다.

F 노선(예정)

구간
대곡-장흥-의정부-탑석-풍양-왕숙-다산-덕소-교산-복정-모란-정자-기흥-수원-오목천-야목-초지-시흥시청-신천-부천종합운동장-김포공항-대곡

1기 GTX, 2기 GTX에 신분당선, 분당선, 수인선, 경의중앙선 등 기존 노선이 거미줄처럼 연결되면 수도권 메가 시티의 첫걸음인 광역교통망이 완성되는 것이다.

이번에도 F 노선의 수혜를 받는 아파트들을 정리해봤다(계획 중인 노선이라 이후 언제든지 상황이 달라질 수 있다). 사실 서울 주요 지역들은 이미 교통망이 상당히 잘 갖춰져 있어서 지하철 노선하나 더 생긴다고 집값이 크게 움직이지 않는다. 하지만 교통 여건이 부족해서 불편한 수도권 외곽지역의 경우에는 다르다. F 노선같은 골드라인이 신설되면 그야말로 해당 지역은 날개를 달면서최대의 개발 호재를 맞이하게 된다.

이제 시작인 만큼 10년 이상 오랜 시간이 소요되겠지만 사업 추진 속도에 따라 미래 가치가 크게 플러스가 되는 만큼 F 노선정차역 주변 아파트들에 관심을 가져보면 좋겠다. 혹시 주택 시장침체기가 왔는데 이때 어디를 사야 하나 고민한다면 이런 개발 호재가 있는 지역의 아파트들이 1순위가 됨을 잊지 말자.

F 노선 수혜 아파트

정차역	지역	아파트	입주 연도	세대
대곡역	고양	별빛마을9단지	1995년	2,008
		별빛마을청구현대7단지	1995년	1,136
		화정은빛마을프라웰6단지	1996년	1,320
		고양대곡역두산위브	2022년	643
		고양e편한세상대림 2차	1997년	640
장흥역	양주	장흥푸른옥	2001년	262
		송추북한산경남아너스빌	2022년	604
		송추마을우남	2001년	395
의정부역	의정부	신곡신동아파밀리에	2004년	547
		신일유토빌	2003년	1,432
		의정부역센트럴자이&위브캐슬	2022년	2,473
		의정부롯데캐슬골드파크1단지	2018년	919
탑석역	의정부	용현현대 1차	1992년	986
		탑석센트럴자이	2021년	2,573
		송산주공4단지	2002년	735
		의정부송산한라비발디	2003년	636
풍양역	남양주	진접2지구	·	·
		양지e편한세상1단지	2009년	832
		해밀마을신영지웰10단지	2009년	434
왕숙역	남양주	3기 신도시 왕숙지구	·	·
다산역	남양주	다산자이아이비플레이스	2021년	967
		다산한양수자인리버팰리스	2017년	640
		다산자연앤롯데캐슬	2017년	1,186
		다산자연앤자이	2021년	878

역	지역	단지명	준공	세대수
덕소역	남양주	한강우성	1998년	1,488
		덕소쌍용	2000년	528
		덕수두산위브	2002년	1,253
교산역	하남	3기 신도시 교산지구	·	·
복정역	성남	위례자연앤센트럴자이	2017년	1,413
		위례자이	2016년	517
	서울	송파파크하비오푸르지오	2016년	999
		송파파인타운8단지	2008년	700
모란역	성남	삼부	1996년	834
		성남어울림	2006년	507
		센트럴타운	2012년	1,039
		장미1단지동부	1993년	1,134
정자역	성남	느티마을공무원3단지	1994년	770
		느티마을공무원4단지	1994년	1,006
		상록우성	1995년	1,762
		상록라이프	1994년	750
		한솔6단지주공	1995년	1,038
기흥역	용인	기흥역롯데캐슬레이시티	2017년	260
		힐스테이트기흥	2018년	976
		한성 1차	1992년	570
		세종그랑시아2단지	1999년	194
		기흥구갈한양수자인	1993년	624
수원역	수원	힐스테이트푸르지오수원	2022년	2,586
		수원역센트럴어반시티	2015년	1,019
		LH수원센트럴타운2단지	2015년	800
		대한대우	1999년	1,293

231

오목천역	수원	쌍용더플래티넘오목천역	2022년	930
		청구2차	2002년	490
		오목천푸르지오1단지	2006년	380
		남광하우스토리 1차	2007년	363
초지역	안산	초지역메이저타운푸르지오메트로	2019년	1,548
		초지역메이저타운푸르지오파크	2019년	1,238
		초지역메이저타운푸르지오에코	2019년	1,244
		안산초지두산위브	2015년	695
		e편한세상초지역센트럴포레	2021년	1,450
시흥시청역	시흥	새재마을대동, 청구	1999년	958
		시흥시청역동원로얄듀크	2020년	447
		시흥시청역트리플포레	2020년	614
		제일풍경채센텀	2020년	698
신천역	시흥	시흥센트럴푸르지오	2020년	2,003
		시흥은행푸르지오	2004년	1,216
		연희	1986년	245
부천종합운동장역	부천	부천여월휴먼시아4단지	2010년	244
		여월휴먼시아5단지	2010년	334
		중앙그린빌	2002년	112
김포공항역	서울	마곡엠밸리5단지	2014년	439
		마곡엠밸리9단지	2021년	1,529
		마곡엠밸리12단지	2016년	363
		마곡엠밸리14단지	2014년	1,270
		마곡엠밸리15단지	2014년	1,171
		강서센트레빌 4차	2009년	215

• 주: 일부 역은 신설 예정임.

10

악재를 호재로 만드는 철도 지하화

#1호선 #경부선
#경원선 #경인선 #2호선

도로와 철도가 완성된 상태에서 주거·상업·공업시설, 공원 등을 개발하다 보니 서울은 재건축이나 재개발 정비 사업이 아니면 더 이상 새집을 짓기도 어렵다. 그리고 도시 미관 등을 개선 작업으로 변화를 주기도 어려운 꽉 막힌 도시가 되어버렸다. 서울의 답은 도시 미관을 해치고 도시의 맥을 끊고 있는 땅 위 철도와 고속도로를 지하로 넣고 지상 공간을 활용하는 방법밖에 없다. 그래서 윤석열 정부는 서울 내 철도 지상 구간을 지하화하겠다는 야심찬 계획을 내놓았다.

서울 내 철도 지상 구간 중에서 지하화 구간은 '서울역~당정역(경부선)' 구간(32킬로미터), '청량리역~도봉산역(경원선)' 구간

(13.5킬로미터), '구로역~인천역(경인선)' 구간(27킬로미터)이다. 도시 미관 개선과 함께 지하화를 한 후 남는 지상 공간을 공원, 도로, 무주택 실수요자를 위한 주거시설로 개발하면 그야말로 1석 2조의 효과를 얻을 수 있다.

대규모 주택 개발 사업부터 GTX까지 중요한 공약 사업이 즐비하지만 그래도 서울 기준으로 우선순위를 꼽는다면 지하철 지상 구간의 지하화를 최우선적으로 진행했으면 하는 바람이다. 역대 정부에서 국책과제로 추진했던 4대강, 태양광 사업 같은 대규모 프로젝트보다 서울 내 철도 지하화 사업이 진작 진행되었더라면 얼마나 좋았을까 하는 생각도 해본다.

대선 공약에는 포함되어 있지만 실제 사업으로 이어질지는 미지수이며 추진되더라도 앞에서 말한 3개 구간이 다 진행되기 힘들지도 모른다. 그래도 대선 공약에 포함되면서 공식화됐다는 것만으로도 충분히 의미가 있다고 본다. 경부선의 서울 구간만이라도 시범구역으로 먼저 진행하면 어떨까? 나머지 구간들도 시간은 오래 걸리겠지만 결국에는 진행되지 않을까 하는 기대도 해본다.

우리는 지하철 1호선이라 통칭해서 부르는데 서울 및 수도권 지하철 1호선은 원래 서울역에서 청량리역까지 구간이며 나머지 구간은 경부선, 경원선, 경인선 등 3개로 나뉘어 있다. 경부선, 경원선, 경인선이 1호선을 함께 사용하고 있어서 통칭해 1호선이라 부르고 있다. 경부선, 경원선, 경인선의 지상 구간이 지하화가 되면 그동안 지상철로 인해 소음과 교통 단절로 고통받았던 주변 지역에는 큰 호재가 된다. 1호선 구간이 진행되면 다음에는 2호선 중 지상 구간으로 남아 불편을 주고 있는 한양대역~잠실나루역, 신대방역~대림역, 당산역, 성수역~신답역 구간과 4호선 당고개역~창동역, 동작역 구간 등도 지하화 공사가 진행될 가능성이 높다. 지상 구간이 지하화가 되면 주변 부동산 시장에는 엄청난 영향을 줄 것이다. 도시 미관을 해치고 엄청난 소음을 유발하는 지상철이 없어지면서 도로와 공원으로 재탄생된다면 악재가 호재가 되면서 주변 아파트 가격은 엄청난 상승 기회를 얻게 된다.

물론 말처럼 쉽고 간단하게 진행될 사업은 아니다. GTX 신설이 훨씬 더 빠르게 진행될 가능성이 높다는 말도 있다. 그렇다고 해도 서울 도심 내 철도 지상 구간을 계속 방치할 수는 없는 문제다. 국민의 삶과 동떨어진 대규모 국책 사업보다는 제발 해야 하는, 필요한 사업에 집중하길 바란다.

철도 지하화 사업은 서울뿐만 아니라 경기, 인천, 대구, 부산, 대전 등 여러 지역 사업에도 포함된 내용인 만큼 필자가 중요도와 지면의 한계로 서울만 언급했다고 서울에만 관심을 가지기보다 독자 여러분의 관심을 끄는 지역도 눈여겨보면 좋겠다.

[지하화가 예상되는 지상 구간]
① 1호선: 금천구청역, 독산역, 가산디지털단지역, 구로역, 신도

림역, 영등포역, 신길역, 대방역, 노량진역, 용산역, 남영역,
서울역, 청량리역, 회기역, 외대앞역, 신이문역, 석계역, 광운
대역, 월계역, 녹천역, 창동역, 방학역, 도봉역, 도봉산역
② 2호선: 당산역, 한양대역, 뚝섬역, 성수역, 건대입구역, 구의
역, 강변역, 잠실나루역, 신대방역, 구로디지털단지역, 대림역
③ 4호선: 창동역, 노원역, 상계역, 당고개역

11

실현화가 높은
철도 차량기지 지하화

#철도 차량기지 10곳 #구로 차량기지
#창동 차량기지 #서울역 북부역세권

앞에서 설명한 지하철 지상 구간의 지하화 사업에는 많은 예산과 시간이 투입된다. 그래도 실(失)보다 득(得)이 더 많은 사업이다.

신규 주택을 지을 부지가 절대적으로 부족한 서울에서 재건축 및 재개발 정비 사업만으로는 넘치는 주택 수요를 따라잡을 수 없기 때문에 철도의 지상 구간 지하화를 통해 확보한 부지는 황금알을 낳는 거위가 될 것이다. 자연스럽게 서울 도심 역세권 부지를 확보할 수 있기 때문이다. 역세권이 아닌 부지의 경우 공원과 도로로 만들면 교통 체증 해결에 도움이 되고 녹지 공간이 부족한 시민들에게 쾌적한 자연환경을 제공할 수 있다.

이와 더불어 그동안 애물단지로 취급받았던 서울 내 철도 차량기지까지 지하로 보내면 신도시급 부지를 확보할 수 있다. 실현 가능성만 따지고 보자면 철도의 지상 구간 지하화보다 철도 차량기지를 지하화하거나 수도권으로 이전시킨 후 남은 부지를 활용하는 것이 더 빠르고 효과적일 수 있겠다. 비용도 적게 들고 추진도 빠르게 할 수 있기 때문이다.

서울에는 1호선 구로, 서울역, 동대문 이문, 2호선 양천 신정, 3호선 강남 수서, 4호선 노원 창동, 5호선 강서 방화와 강동 고덕, 6호선 은평 수색과 중랑 신내 등 10곳의 철도 차량기지가 있다. 이 중에서 이전이 추진되는 곳들을 다음 표에 정리했다.

◆━━━━ 철도 차량기지 이전 진행 상황 ━━━━◆

구분	이전 진행 상황
구로차량기지(1호선)	경기 광명으로 이전을 추진하고 있으나 수용 조건 때문에 대립 중
신정차량기지(2호선)	경기 부천 이전에 대한 사전 타당성 조사 진행 중
창동차량기지(4호선)	경기 남양주 이전을 추진 중으로 2024년 착공 예정
방화차량기지(5호선)	경기 김포 이전을 놓고 수용 조건 이견을 보이는 중
신내차량기지(6호선)	경기 남양주 이전 추진 중으로 사전 접촉단계임

새 정부는 서울 도심 철도 차량기지 10곳, 221만 ㎡(약 67만 평)를 지하화 또는 데크화(위를 덮는 방식)로 개발해서 생기는 지상 공간을 주거와 일자리 창출기지로 전환하겠다는 계획을 세웠

다. 철도 차량기지 10곳 모두를 지하화하는 것은 현실적으로 어렵다. 이 중에서 지하화 추진 가능성이 높은 차량기지로는 구로차량기지, 창동차량기지, (철도 유휴용지가 있는) 서울역 북부역세권 등 3곳이다. 구로차량기지 25만 ㎡는 청년 스타트업·상업단지로, 창동차량기지 18만 ㎡는 바이오·메디컬단지로, 서울역 북부역세권 5.5만 ㎡는 호텔 및 컨벤션 복합단지로 개발할 예정이다.

해당 지역에서 흉물에다 소음까지 발생시키면서 교통 단절을 야기하는 철도 차량기지는 인근 주민들의 단골 민원 대상이었다. 이런 시설을 제거하는 것에 그치지 않고 지상 공간에 상업 및 신기술 산업단지를 조성해서 양질의 일자리까지 만들어준다고 하니 악재가 호재로 변하는 그야말로 전화위복이 됐다.

당연히 철도 차량기지의 지하화 사업이 진행되면 인근 부동산 시장은 큰 개발 호재가 굴어 들어온 것인 만큼 가격 상승 압력도 커질 것이다. 앞에서 말한 철도 차량기지 3곳(구로차량기지, 창동차량기지, 서울역 북부역세권)의 지하화가 진행될 경우 수혜를 받을 것으로 예상되는 아파트를 다음 페이지의 표에 정리했다.

정차역	지역	아파트	입주 연도	세대
구로역	구로	구로중앙하이츠	2001년	597
		중앙구로하이츠	1987년	579
		구로주공 1차	1986년	1,400
		구로주공 2차	1987년	726
		현대(상선)	1987년	290
		현대연예인	1989년	735
		구일우성	1998년	829
창동역	도봉	동아청솔	1981년	1,981
		동아그린	1996년	449
		동아	1988년	600
		삼성래미안	1992년	1,668
		창동주공3단지	1990년	2,856
		주공18단지	1988년	910
		주공19단지	1988년	1,764
	노원	임광	1989년	420
		대림	1988년	538
		상계주공3단지	1988년	2,213
		상계주공7단지	1988년	2,634
		상계주공10단지	1988년	2,654
서울역	중구	LIG서울역리가	2012년	181
		중림삼성사이버빌리지	2001년	712
		서울역디오빌	2005년	72
		서울역센트럴자이	2017년	1,341
		순화더샵	2007년	137
		센트레빌아스테리움서울	2013년	278

12

신분당선 연장으로
강남과 판교를 한 번에 가다

#신분당선 서북부 연장
#삼송 #은평 #독바위 #상명대
#경복고 #경복궁 #시청 #서울역

새 정부는 GTX의 A 노선과 C 노선 연장, D~F 노선 신설을 통해 수도권 교통망을 촘촘하게 연결하고 서울의 철도 지상 구간과 철도 차량기지를 지하화할 계획을 세웠다. 여기에다 수도권 서북부 지역의 숙원 사업인 신분당선 서북부 연장도 추진하겠다고 한다.

다음 페이지 그림에서 보듯이 용산을 출발해 서울역, 시청, 경복궁, 경복고, 상명대, 독바위, 은평뉴타운을 거쳐 고양 삼송까지 연결하는 신분당선 서북부 연장 노선은 10여 년 전부터 추진된 사업이다.

강남역에서 양재, 청계산, 판교, 분당, 용인 수지를 지나 광교까지 연결되는 신분당선은 골드라인으로 인기가 높다. 광교신도시

신분당선 서북부 연장 노선

• 출처: 〈매일경제신문〉

가 서울 못지않은 인기를 끌고 가격이 높은 이유는 바로 강남으로 빠르게 연결되는 신분당선 때문이다. 참고로, 광교에서 수원월드컵 경기장, 화서역, 호매실까지 연결되는 남부 연장 노선의 경우 계획한 지 10년이 지나는 동안 착공에 들어가지 못하고 있었다가 최근에 정부의 철도망계획에 포함되면서 탄력적으로 추진되고 있다.

그런데 서북부 연장 노선은 빨리 될 것 같은 희망 고문만 계속될 뿐, 특별한 소식이 들리지 않아 지역 주민들은 지쳐가고 있었다. 2018년에 예비 타당성 조사에 착수했다가 2019년에 예비 타당성 중간 점검 결과, 경제적 타당성이 극히 낮게 분석되어 사업 추진이 곤란하다는 평가를 받기까지 했다. 안 그래도 남부권에 비해 교통 체증이 심하고 인프라, 양질의 일자리까지 부족한 서북부 주민들의 상실감은 말로 표현하기 어렵다고 본다. 같은 시기에 같은 콘셉트로 만들어진 1기 신도시 분당과 일산의 집값이 크게 차이가 나는 이유가 바로 교통과 일자리 때문이다.

　이런 수도권 서북부 주민들의 간절한 바람이 전달되었는지 새 정부는 신분당선 서북부 연장 노선을 추진하겠다고 한다. 본격적으로 추진하게 되면 그동안 교통 불편을 호소하고 있던 고양 삼송, 은평뉴타운, 독바위 등 교통 소외지역들은 큰 개발 호재라는 날개를 달면서 집값이 들썩일 수 있다. 물론 추진하겠다는 공약일 뿐이고 아직 구체적인 실행 방안이 나오거나 하지 않았으므로 지나치게 흥분해 무리하게 투자에 뛰어들어서는 안 된다.

　'내게 정말 필요한가?', '자금은 충분한가?', '지금 투자해도 될 때인가?' 등 여러 여건을 충분히 고려해서 판단해야 한다. 혹시라도 주택 시장이 침체기에 들어가 집값이 떨어지는 것을 보고 지금쯤 주택 구입을 해도 되겠다는 판단이 들어 투자처를 찾을 때 신분당선이 연장되는 지역이나 앞에서 말했던 차량기지 지하화가 추진되는 지역 등을 떠올리면 수익을 기대할 수 있을 것이다. 다음 페이지의 표에 신분당선 서북부 연장 노선이 추진될 경우 수혜를 받는 아파트를 정리했다.

243

정차역	지역	아파트	입주 연도	세대
용산역	용산	래미안용산더센트럴	2017년	195
		용산푸르지오써밋	2017년	151
		용산센트럴파크해링턴스퀘어	2020년	1,140
		용산시티파크1단지	2007년	421
		용산e-편한세상	2011년	867
서울역	중구	LIG서울역리가	2012년	181
		중림삼성사이버빌리지	2001년	712
		서울역센트럴자이	2017년	1,341
		센트레빌아스테리움서울	2013년	278
상명대역	종로	청구빌라	1997년	114
		동익빌라	1997년	123
		삼성중앙빌라	1987년	96
독바위역	은평	북한산현대힐스테이트 3차	2010년	1,185
		삼익빌라	1992년	103
		불광롯데캐슬	2018년	588
		북한산현대홈타운	2004년	662
		북한산힐스테이트 1차	2009년	603
은평 뉴타운역	은평	은평뉴타운박석고개힐스테이트1단지	2009년	947
		은평스카이뷰자이	2019년	361
		은평뉴타운구파발9단지래미안	2010년	486
		은평뉴타운구파발10단지어울림	2010년	334
		은평뉴타운상림12단지롯데캐슬	2008년	551

삼송역	고양	삼송아이파크 2차	2015년	1,066
		삼송마을동원로얄듀크	2012년	598
		삼송역현대헤리엇	2020년	364
		동산마을호반베르디움21단지	2012년	405
		동산마을호반베르디움22단지	2012년	1,426
		e편한세상시티삼송(오피스텔)	2018년	588
		e편한세상시티삼송2차(오피스텔)	2019년	918
		e편한세상시티삼송3차(오피스텔)	2019년	1,424

• 주: 일부 역은 신설 예정임.

13

거대한 사람 길이 생기는
고속도로 지하화

#경부고속도로 지하화
#경인선 지하화
#경인고속도로 지하화

철도 지상 구간과 철도 차량기지만 지하화가 추진되는 것이 아니다. 고속도로도 땅 밑으로 들어간다. 우선 서울 한남IC에서 양재IC 구간 6.81킬로미터의 지하화 사업이 추진된다.

물론 공약에 포함됐어도 제대로 추진되어 완공까지 가기에는 산 넘어 산이다. 오죽했으면 대통령 '공약(公約)'을 헛된 약속의 '공약(空約)' 또는 '0약'이라고 할까….

그렇다고 해도 공약이 가지는 의미는 분명히 있다. 고속도로 지하화 사업 관련해서 경부고속도로의 경우에는 대통령, 서울시장, 국회의원 선거 때마다 단골 메뉴로 등장할 정도로 필요성이 높고 지역 주민들 역시 매우 원하므로 이제는 추진할 때가 된 것 같다.

1970년에 개통된 경부고속도로는 개발 당시에만 해도 '돈도 없고 차도 없는 나라에서 고속도로가 무슨 소리인가? 차라리 그 돈으로 먹을 것을 줘라' 등 갖은 반대에 부딪혔던 사업이었다. 민주화의 대부 김영삼, 김대중 전 대통령도 그 당시에는 경부고속도로 사업을 반대했었다. 결과적으로 경부고속도로가 없었다면 우리나라 한강의 기적은 어려웠을지도 모른다.

우리나라 경제의 허리인 경부고속도로가 개통된 지 50년이 지난 지금, 서울 구간은 고속도로라 불리는 것이 민망할 정도로 교통 체증이 워낙 심해져 이제는 제 기능을 못하고 있다. 또한, 고속도로 주변이 주거지로 개발된 이후부터는 해당 지역에 각종 소음 문제가 발생하게 됐고 도심의 맥을 끊어버린 것처럼 되어버리자 이제는 경부고속도로의 서울 및 수도권 구간은 애물단지가 된 것 같다. 하루빨리 지하화 사업이 필요한 이유다.

지하화를 통해 단절된 서울 강남의 맥을 살리고 도시 미관과 교통 체증 개선까지 이뤄내면서 지상 공간을 공원이나 또 다른 도로로 활용하면 서울이 덜 답답해 보일 것이다. 필요하다면 공공아파트 부지로 사용할 수도 있겠다.

교통 체증 개선을 위해 양재IC에서 동탄IC까지는 지하도로를 추가로 건설하는 방안이 국토교통부에서 2022년 1월에 확정됐다. 현재 고속도로에 지하도로까지 더 만들어 지상과 지하 모두 고속도로로 운영될 계획이라고 한다.

새롭게 추진하겠다는 한남IC~양재IC 구간도 지하도로와 지상도로 모두 고속도로로 사용할지, 고속도로는 지하로 넣고 지상은 공원 등 인프라로 활용할지는 향후 풀어야 할 숙제다.

경부고속도로 서울 및 경기 구간과 함께 경인선, 경인고속도로 인천 구간도 지하화가 추진된다. 인천을 남북으로 나눠왔던 경인선 인천 구간과 경인고속도로 인천 구간을 지하화하고 경인고속도로를 남청라IC까지 연장하겠다는 계획을 세웠다. 또한, 대전, 대구, 부산의 경부고속도로 구간 지하화도 공약에 포함되어 있다.

막대한 예상과 시간이 문제겠지만 오랜 시간이 걸리더라도 각 도시의 지상으로 지나가는 고속도로와 철도는 지하화해 시민들 삶의 질을 높여주는 방향을 찾을 필요가 있어 보인다. 단절과 소음 유발로 불편을 주던 고속도로가 지하로 내려가고 지상 공간이 삶의 여유를 줄 수 있는 공원, 편의시설 등으로 개발된다면 당연히 주변 지역 아파트에는 엄청난 개발 호재가 생긴 것이 된다. 여러 고속도로 지하화 중에서 경부고속도로 서울 구간인 한남IC~양재IC 구간의 지하화로 수혜를 볼 수 있는 아파트를 정리했다.

지역		아파트	입주 연도	세대
강남구	압구정동	미성 2차	1987년	911
서초구	잠원동	한강	1989년	450
		롯데캐슬갤럭시 1차	2002년	256
		롯데캐슬갤럭시 2차	2004년	428
		금호베스트빌	2002년	117
		신반포 12차	1982년	324
		래미안신반포팰리스	2016년	843
		신반포10차(메이플자이)	1981년	876
		신반포11차(메이플자이)	1981년	398
		신반포17차(메이플자이)	1983년	216
	반포동	반포자이	2009년	3,410
		반포써밋	2018년	764
		반포센트레빌아스테리움	2021년	108
	서초동	래미안서초스위트	2009년	392
		서초푸르지오써밋	2017년	907
		롯데캐슬클래식	2006년	990
		서초래미안	2003년	1,129
		서초현대 4차	2000년	160
		서초롯데캐슬프레지던트	2014년	280
		진흥	1979년	615
		신동아 1차	1978년	893
		서초그랑자이	2021년	1,446
		현대	1989년	412
		서초벽산블루밍	2006년	60
	양재동	양재우성KBS	1996년	150
		양재우성	1991년	794
	우면동	코오롱	1994년	300

새 정부에 바란다

정책 이념보다 주거 안정이 우선이다

문재인 정부의 부동산 정책은 결과적으로 실패다. 많은 부동산 대책을 발표했는데도 왜 집값을 잡지 못했을까? 시장보다 정책 이념이 우선시되면서 첫 단추부터 잘못 끼웠기 때문이다.

집값이 오른 지역만 콕 집어 규제하는 핀셋 규제는 부동산 시장 전체가 안정되어 있는데 특정 지역만 개발 호재 등의 이유로 과열 양상을 보일 때 효과를 볼 수 있다. 강남만 오르고 나머지 지역은 오르지 않는다면 조정대상지역, 투기과열지구 같은 핀셋 규제가 성공했겠지만 시장 상황은 그렇지 않았다.

2012년에 바닥을 치고 회복세가 나타나던 부동산 시장은 박근혜 정부의 규제 완화에 힘입어 투자 심리까지 살아나고 있었는데 강남 등 인기 있는 특정 지역만 콕 집어서 규제하면 당연히 주변 지역으로 풍선 효과가 나타난다. 또한, 희소성이 있어서 공공재 성격이 있는 주택을 특정 사람들이 과할 정도로 소유하는 것이 바람직하지는 않지만 그렇다고 다주택자 때문에 집값이 상승한 것은 아니다.

　　전 국민이 집 1채씩을 가지면 주거 문제가 해결될까? 절대 그렇지 않다. 예전에 루마니아가 국민 모두가 집을 갖게 하는 파격적인 정책을 시도했지만 결과는 처참한 실패였다. 미국, 영국, 일본 등 선진국들 모두 집 가진 자와 가지지 못한 자의 비율은 6대 4 정도다. 그러므로 자금이 부족하거나 굳이 집을 살 필요가 없어서 임대로 거주하는 사람이 40% 정도 되는 것이 일반적이라고 할 수 있다. 그 40%의 임대 물량은 다주택자가 공급해주고 있다. 물론 시장을 교란하는 일부 투기 세력은 집중적으로 단속해야 하지만 그렇다고 소수에 불과한 투기꾼 때문에 대한민국 부동산 시장 전체가 흔들리지는 않는다. 그런데 정부는 투기 세력을 전체로 봤다.

　　보유세인 종합부동산세를 올렸으면 양도세는 낮춰서 퇴로를 만들어줬다면 집값이 이렇게까지 폭등하지 않았다. 문재인 정부의 임기가 끝날 때까지 다주택자 양도세 중과 면제 카드를 꺼내지 않은 것은 다주택자에 대한 불로소득을 환수해야 한다는 정책 이념 때문이었다. 우선순위를 따지자면 불로소득이 우선일까? 국민의 주거 안정이 우선일까? 문재인 정부의 정책 이념이 투영된 왜곡된 부동산 정책의 결과, 세수가 증가한 정부만 승자가 됐고 집주인과 세입자인 국민 모두는 패자가 됐다. 새 정부는 정책 이념이 아닌 시장 상황에 순응하는 합리적인 부동산 정책을 펼쳐주기 바란다.

세제 개편이 필요하다 _ 단순화와 표준화

현재 부동산 세금이 너무 복잡하고 기준이 없어서 세무전문가인 세무사들도 혀를 두를 지경이다. 상담을 거부하는 세무사도 있다고 하니 그 심정이 충분히 이해가 간다. 몰라서 상담을 안 하는 것이 아니라 수시로 변경되고 기준이 명확하지 않다 보니 향후 문제가 발생할 가능성이 높아 피하는 것이다.

일시적 2주택자 양도세 비과세 기간은 3년에서 2018년 9월 13일에 2년으로 바뀌었고 2019년 12월 16일에 1년으로 변경됐다. 1세대 1주택자 장기 보유 공제 80%에 2020년 1월부터 '2년 거주' 요건이 추가되더니 2021년 1월부터는 '10년 보유 40%, 10년 거주 40%'로 변경됐고 2022년에는 양도차익에 따라 더 세분화됐다. 다주택자 양도세 중과는 2017년 8월 2일 이후 규제지역 2주택자는 10%p, 3주택 이상 보유자는 20%p로 중과됐다가 2021년 6월 이후 10%p가 더 중과됐다. 양도세만 해도 이렇게 복잡하다.

일반 국민이 쉽게 이해하고 받아들이지 못하는 정책에 효과를 바라는 것은 욕심이다. 이 정도라면 알려고 하지 말고 그냥 세금만 내라는 의미 아닐까 하는 생각이 든다. 누구나 쉽게 이해할 수 있는 합리적이고 단순한 세제 개편이 필요하다.

세금 기준도 표준화가 필요하다. 다음 표에서 보듯이 고가 주택 기준만 보더라도 뒤죽박죽이다. 한 나라 세법에서 항목별로 고가 주택 기준이 이렇게 각각 다르다는 것이 이해가 되지 않는다. '고가 주택'이라는 기준을 모든 항목에 동일하게 적용하고, 매년 공시 가격을 발표할 때 '전년 대비 집값 상승을 감안해 올해 고가 주택 기준은 15억 원이다'처럼 표준화해주면 좋을 것 같다.

고가 주택 기준

항목	기준	비고
1세대 1주택 양도세 비과세	12억 원	시가
종합부동산세 공제(1세대 1주택)	11억 원	공시 가격
종합부동산세 공제	6억 원	공시 가격
LTV 고가 주택	9억 원	시가
중개보수 고가 주택	15억 원	시가

더 나아가 오랫동안 변경 없이 그대로 적용되는 과세표준 기준도 변경할 필요가 있다. 5년 동안 집값은 2~3배 올랐는데 왜 과세표준 기준은 그대로일까? 그동안 집값 상승에 따른 세수 증가

의 혜택을 조용히 먹고 있었던 것이다.

3억 원짜리 집이 10% 올라 양도차익이 3,000만 원이 되면 양도세율은 15% 구간에 들어간다. 9억 원짜리 집이 10% 올라 양도차익이 9,000만 원이 되면 양도세율은 35% 구간에 들어간다. 집값이 10년 동안 3배 정도 올랐다면 과세표준 기준도 3배 정도 올라야 정상 아닐까? 집값이 오른 만큼 과세표준 기준도 같이 상향 조정해주는 것이 합리적이다.

양도세 개선 방안

구분	일반세율	현행 과세표준 기준	시세 반영한 과세표준 희망사항
양도세	6%	1,200만 원 이하	3,500만 원 이하
	15%	4,600만 원 이하	1억 3,000만 원 이하
	24%	8,800만 원 이하	2억 5,000만 원 이하
	35%	1억 5,000만 원 이하	4억 5,000만 원 이하
	38%	3억 원 이하	9억 원 이하
	40%	5억 원 이하	15억 원 이하
	42%	10억 원 이하	30억 원 이하
	45%	10억 원 초과	30억 원 초과

시장을 이끌어 가는 부동산 정책이 필요하다

문재인 정부 출범 당시에 과거의 부동산 정책 패턴을 깨부수고 부동산 시장을 이끌어 가는 일관성 있는 부동산 정책을 기대

했지만 얼마 지나지 않아 기대는 실망으로 바뀌었다.

문재인 정부가 정책 이념을 연계해 고가 주택과 다주택자를 타깃으로 핀셋 규제를 했고, 보유세인 종합부동산세와 거래세인 양도세를 모두 강화하는 무리수를 두면서 부작용이 발생했지만 이는 정책 시행에 있어서 순서와 방법론적인 차이일 뿐 집값이 과열되니 규제를 하는 기존의 정책 패턴에서 크게 달라지지 않았다.

살아 움직이는 생물과 같은 부동산 시장의 반응을 보고 따라가듯이 규제를 하거나 풀어서는 절대로 부동산 시장의 안정을 찾을 수 없다. 역대 어느 정부도 부동산 정책으로 집값을 제대로 안정시키지 못했다. 시장 반응을 보고 따라가면 잠깐의 효과는 발생할 수 있지만 부작용이 더 크고 악순환이 반복될 뿐이다. 우리나라만의 특수한 상황, 수요와 공급의 특성을 제대로 파악한 뒤 시장을 이끌어 가는 일관성 있는 부동산 정책을 이제는 할 때가 됐다.

복잡하고 어려운 부동산 시장을 이끌어 가면서 '주택 시장 안정'이라는 목표를 달성하려면 문제 원인을 정확하게 파악한 다음, 필요한 정책은 흔들림 없이 일관성 있게 추진하고 불필요한 정책은 과감하게 폐기해야 한다. 가계 부채 관리를 위해 대출 관리는 꾸준히 해야 하고, 세금 관련해서는 보유세인 종합부동산세를 유지하려면 거래세인 양도세와 취득세는 낮춰야 한다. 반대로 거래세를 높게 유지하려면 보유세를 낮추는 것이 맞다.

안정적인 주택 공급을 위해서는 이미 정한 공급계획은 차질

없이 추진하되 장기적으로 인구 변화나 시장 흐름에 따라 과잉이 될 수 있는 요소가 있다면 공급계획 수정도 필요하다.

재건축, 재개발 등 정비 사업이 아니면 신규 아파트 공급이 어려운 서울과 같은 지역은 구역 지정 이후에는 주택 거래 허가로 묶어 투기 수요 유입은 차단하면서 각종 인허가 절차는 단순화하고 불필요한 규제는 과감하게 철폐할 필요가 있다.

마지막으로 주택 정책의 방향은 실수요자와 다주택자 간에 차이를 둬야 한다. 주택이 필요한 실수요자라면 쉽게 구입할 수 있도록 대출 문턱은 낮추고 세금은 가볍게 해준다. 주택이 더 필요 없는 다주택자라면 저렴한 임대료로 서민 주거 안정에 도움을 주는 경우 외에는 대출 문턱은 높이고 세금은 무겁게 해야 한다.

정책 이념보다는 주거 안정을 우선으로, 복잡하고 어려운 세금 기준은 쉽고 단순하게 표준화하고, 시장을 따라가기보다 이끌어 가는 합리적인 정책을 기대해 본다.